एक इंसान पृथ्वी पर
(आत्मकथा)

गिरीश श्रीवास्तव

First published in 2021 by

Becomeshakespeare.com

One Point Six Technologies Pvt Ltd.
119-123, 1st Floor, Building J2, B - Wing,
WadalaTruck Terminal, Wadala East, Mumbai,
Maharashtra, India, 400022.
T:+91 8080226699

ISBN - 978-93-5438-886-6

संदेश

अपना देश- अपना वतन और अपना- भारत कितना अच्छा लगता है, जब गर्व के साथ कहते हैं कि हम भारतीय हैं, हिंदुस्तान हमारा मुल्क और हम सब मां भारती की संतान- इसमें कोई शक नहीं कि आज विश्व के श्रेष्ठतम देशों में भारत की गिनती होती है, इसकी अभिव्यक्ति- परिकल्पना करना बहुत ही मुश्किल है, भारत की महानता जग विख्यात है, यहां की प्राचीन परंपरा और आधुनिक परिवेश का अद्भुत संगम, भारतीय संस्कृति का जीता- जागता उदाहरण है इसके विपरीत यह कहने पर बहुत क्षोभ उत्पन्न होता है काफी अरसे से आतंकवाद और हिंसा की गिरफ्त में जकड़ा अपना मुल्क अमानवीयता के दर्द से छटपटा रहा है, ऐसी विषम परिस्थितियों में स्वयं को संभालना, व्यक्ति विशेष की रक्षा- सुरक्षा आसान नहीं।

ऊपर वाले ने इस धरती के सृजन हेतु इंसान तो बनाया, लेकिन सब की अवधारणा, उनके विचार अलग-अलग रूपों में प्रदान किया। धर्म और मजहब जात- पात इंसान के मानसिकता की उपज है- कहने का तात्पर्य है कि भगवान ने इंसान पैदा करके इंसानियत का धर्म बनाया लेकिन उसी इंसान ने अल्लाह के बनाए नियम- उसूलों की खिलाफत करते हुए इंसानों का बंटवारा कर दिया धर्म और मजहब के ठेकेदारों द्वारा बनाए गए नियमों और कानून में उलझ कर इंसान एक दूसरे को क्या बल्कि स्वयं को भी पहचानना भूल गया।

यदि सारे संसार का आकलन किया जाए, तो 100% लोगों का यही मत होगा कि ईश्वर एक है (God is One) इस बात का ज्ञान होकर भी इंसान अज्ञानता के अंधकार में डूबा है, यह अंधकार कब कैसे दूर होगा कुछ पता नहीं, फिर भी एक सफल प्रयास करना लाजमी है इसके लिए मन से कृत संकल्प होना होगा हर इंसान स्वयं अपने आप में इंसानियत की खोज में जुट जाए तो धर्म- मजहब जात- पात के नाम पर सांप्रदायिकता का अंत निश्चित है यह इंसान की बहुत बड़ी भूल व एक अन्य देखी सोच है कि वह स्वयं को परिपूर्ण मानता है यदि ऐसा होता तो इंसान व देवता में कोई फर्क ना होता।

इसमें कोई अतिशयोक्ति नहीं कि इंसान के अच्छे कर्म ही उसे देवता- भगवान समान बना देते हैं और उसके बुरे गलत कामों से उसकी गिनती अपराधियों में होने लगती है, मानव ही दानव का दूसरा रूप कहलाता है। दुनिया- समाज का प्रारूप बदलने के लिए पहले स्वयं को बदलना होगा जब मैं बदलूंगा, तो समाज बदलेगा, और जिस दिन समाज बदला, तो युग का बदलना निश्चित है।

इस कलियुग को सतयुग में बदलना कल्पना मात्र है लेकिन एकता में शक्ति है, अपने सुविचारों के माध्यम से एक-दूसरे में जागरूकता पैदा करना ही हम सबका मकसद होना जरूरी है, हर इंसान को अपने हृदय में एक शिक्षक का भाव उत्पन्न करना होगा यद्यपि शिक्षक एक जलती मोमबत्ती के समान है, जो स्वयं जलकर दूसरों को प्रकाशित करता है। यह यह कटु सत्य है कि बुरे से बुरा इंसान चाहे वह बदमाश अपराधी ही क्यों ना हो परमात्मा ने उसके अंदर भी कुछ न कुछ अच्छाई देकर ही इस धरती पर भेजा है, गलती बस यही है, अपराध प्रवृति के लोग प्रतिभा का आकलन नहीं कर पाते, गुनाहों के दलदल में फंस कर उनको इस बात

का भी अंदाज नहीं रहता कि जेल उनके लिए एक प्रायश्चित केंद्र है और जुर्म के बदले मिली सजा कर्म दंड, यदि भुक्तभोगी स्वयं नजरिया बदल कर इस सजा को वरदान समझ ले अपना भविष्य अच्छे कामों के लिए सुनिश्चित कर ले तो वह महान बन जाता है इसके विपरीत कर्म दंड को अभिशाप समझने वाले इंसान का जीवन निरर्थक साबित होता है, बदले की भावना इंसान के मन मस्तिष्क को इतना विकृत बना देती है कि यही दुनिया समाज उस इंसान को तिरस्कृत करने में कोई कसर नहीं छोड़ती, हमारा फर्ज है कि हम सब ऐसा रास्ता चुनें जो हमें उज्जवल भविष्य की ओर ले जाए- हमारे कदम ऐसे हो जो एक नया इतिहास बना दे- हमारी सोच ऐसी हो कि इंसां से इंसां मिल जाए।

मुझे नहीं मालूम कि मेरे इस संदेश का पाठक गणों पर क्या प्रभाव पड़ेगा-

बस इतना अवश्य है-

बड़ी शिद्दत से मिली है जिंदगी

जितना चाहे उतना संवार लो

गर आज मैं हूं तो कल तुम हो

गर तुम आज हो कल मैं हूं

यही जिंदगी का फलसफा है

जिससे मैं क्या सारी दुनिया खफा है।

आग्रह

मेरा पाठकगणों से विनम्र आग्रह है कि यदि प्रस्तुत जीवंत कथा रूचिकर और ज्ञान वर्धक प्रतीत हो तो एक दूसरे तक इस पुस्तक को अवश्य पहुँचाये ''बदलाव प्रकृति का नियम है'' इसके अनुरूप अपनी लेखनी द्वारा समाजिक व्यवस्था को सुदृढ़ बनाये रखने में मेरा तनिक भी सहयोग आप सबके लिए अविस्मरणीय होगा ।

यद्यपि गुमनामी के अंधेरे मे जीवन व्यतीत करना मेरे वश में नहीं ।

प्रस्तावना

मानव सृष्टि को प्रारम्भ हुए जाने कितनी सदियाँ बीत चुकी हैं। ईश्वर की महान संरचना मनुष्य अर्थात मानव जाति जो अलग-अलग रूपों और वर्णों में विभाजित होकर भी अंततः मृत्यु पश्चात परमात्मा में विलीन हो जाती है, पास जाकर छोटे -बड़े, ऊंच नीच अमीरी- गरीबी आदि सारे भेद समाप्त हो जाते हैं। जीवन की सारी सच्चाइयाँ जानकर भी हर इंसान सत्य से परे झूठ के अंधकार में जीता रहता है।

इसके विपरीत जिस किसी ने जीवन के यथार्थ को समझ लिया, स्वयं को पहचान लिया और आगे बढ़कर जीवन का मूल्यांकन करते हुए अपनी पहचान बना ली वही श्रेष्ठ है, विदित सत्य यह भी है कि हर इंसान को कर्मानुसार फल मिलता है अच्छा फल मिला तो भगवान की वाह-वाह फिर कहीं कुछ बुरा तो ऊपर वाले की बुराई करने में भी कोई नहीं चूकता, बेचारा भगवान खुद ही दोषारोपण का शिकार हो जाता है, कहने का तात्पर्य है कि इंसान खुद नहीं जान पाता है कि उसके साथ क्या अच्छा क्या बुरा हो रहा है यही कारण है कि ईश्वर में आस्था होकर भी समर्पण की भावना नहीं।

किंतु मेरा विश्वास है कि ईश्वर जो करता है अच्छा करता है, यदि आज बुरा किया तो आगे अच्छा करेगा, बस कर्म अच्छे करते

रहो, अपना कर्तव्य पालन निष्ठा पूर्वक करो, फल मिलेगा वह भी अच्छा और मन को संतोष प्रदान करने वाला। हमने क्यों जन्म लिया हमारे जीने का मकसद क्या होना चाहिए? इस पर विचार करने वालों की संख्या प्रतिशत लगभग 20% है, इसपे अमल करने वालों का संख्या प्रतिशत लगभग 5% है, और सफल होने वालों की संख्या मात्र 3% है, यह बिल्कुल सच्चाई है, कोई स्वयं विचार करके देख ले यह कथन सत्य है या असत्य।

प्यारे दोस्तों कहना तो बहुत कुछ चाहता हूं, लेकिन मैं कोई ज्ञानी नहीं, ज्ञान बांटना मेरा हक नहीं, मात्र प्रस्तुत कहानी या स्वयं आपबीती के माध्यम से एक संदेश देना चाहता हूं कि ईश्वर प्रदत्त मानव जीवन बहुत ही अनमोल है, इसलिए किसी भी परिस्थिति में आगे बढ़ते हुए 3% सफल व्यक्ति की श्रेणी में अपने आप को भी शामिल कर लो, प्रयास करके देखो बहुत आनंद आएगा, ज़िन्दगी कैसी है पहेली समझो- कुछ सीखो- मैंने भी इस कमबख्त जिंदगी को समझने की, इस पहेली को सुलझाने की कोशिश की लेकिन स्वयं इस पशोपेश में हूं कि मैं सफल हूं या नहीं कुछ पता नहीं लेकिन यह सच है कि जिंदगी और मौत दोनों को बहुत करीब से देखने के बाद इंसान के जीने की आस खत्म हो जाती है - मेरी कहानी के पात्र अर्थात स्वयं के साथ भी कुछ ऐसा ही हुआ लेकिन जब तक ऊपर वाला नहीं चाहता मौत उसका साया भी नहीं छू सकती।

मेरी आपबीती संघर्ष की कहानी खुद मेरी जुबानी एक जीती जागती वह सच्चाई है जिसे हज़म कर पाना बहुत मुश्किल है, किंतु सत्य से मुंह नहीं मोड़ा जा सकता अपितु अपनी लेखनी के माध्यम

से अपने जीवन चरित्र को एक कहानी के रूप में दर्शाने की चेष्टा की गयी है, सरल एवं स्वभाविक भाषा का प्रयोग किया गया है।

उम्मीद है कि हमें पाठक गणों का भरपूर सहयोग और प्यार मिलेगा–

इस कहानी में किन्ही तथ्यों को छुपाया नहीं गया है ना ही किन्ही कल्पनाओं का समावेश है।

आइए अब हम माँ सरस्वती का स्मरण एवं चरण वंदन करके अपनी लेखनी को आगे बढ़ाते हुए इस कहानी की शुरुआत करते हैं।

इस कहानी की शुरुआत उत्तर प्रदेश की राजधानी लखनऊ के गणेश गंज इलाके से होती है, जहां एक किराए के मकान में मेरे बीते बचपन की धूमिल यादें मेरे मस्तिष्क पटल पर आज भी विराजमान हैं।

शेष अपने घरवालों के मुख से जो सुना वही बयाँ कर रहा हूं। दिवाली की जगमगाती दीयों भरी रात इस धरती पर मेरा आगमन हो चुका था, कल्पना करता हूं कि मेरी माँ कितनी खुश होगी, मेरे घर के और सदस्य खुशी से झूम रहे होंगे लेकिन यह क्या चंद मिनटों के लिए सबकी खुशियां सबके सपने काफूर हो गए, कारण मैं था। पैदा होने के कुछ मिनटों बाद मेरे दिल की धड़कन थम चुकी थी, लोगों ने समझ लिया था कि मैं इस दुनिया से रुखसत हो चुका हूं, लेकिन विधि का विधान- आयाराम से गयाराम होने के बाद हॉस्पिटल की नर्स ने अपने हाथों में पकड़ कर मुझे उल्टा लटका दिया, और अपने हाथों से मुझे थपकी लगाई।

बस फिर क्या था? मैं कमबख्त फिर से फड़कने लगा, परिणाम ये है कि उस वक्त से लेकर आज लेखनी करते हुए भी मेरी सांसे निरंतर चल रही हैं, धन्य है मेरी माँ जिसने मुझे पैदा किया और शुक्रगुजार हूँ उस नर्स का जिसने प्रयत्न करके मुझे बचाया वरना आज कौन जान पाता मेरी आपबीती? कौन पढ़ता मेरे इस संस्करण को? चलो जो हुआ अच्छा हुआ अब आगे मेरी परवरिश बहुत ही अच्छी तरह से होने लगी।

मुझ नन्हे - मुन्ने बच्चे को लोग प्यार से बब्लू नाम से पुकारते और अपनी गोद में लेकर मेरा दुलार करते - फिर समय

के साथ मैं सवा साल पार कर चुका था। और अब मेरे मुंडन की तैयारियां हो चुकी थी, रात्रि में ही मेरे घर के सारे सदस्यों सहित मेरे कुछ रिश्तेदार भी विंध्याचल के लिए रवाना हुए, जहां मेरा मुंडन कार्यक्रम होना था। सभी लोग एकत्रित हो चुके थे, सिवाय मेरे दूसरे नंबर का भाई नीलू जो उस वक्त वहां मौजूद नहीं था, किसी को भी होश न था कि नीलू कहां है? सभी लोग मेरे मुंडन का आनन्द लेने में तल्लीन थे। किसीको कोई खबर नहीं कि आगे क्या होने वाला है? कुछ देर बाद मुंडन कार्य समास हो चुका था, अचानक के बाद मेरी माँ को ख्याल आया, नीलू काफी देर से नहीं दिखा- बस फिर क्या था? सभी लोग मेरे भाई की खोज में जुट गए, लोग आवाज दे रहे थे भाई का हुलिया बताकर वहां पूछताछ कर रहे थे, उधर मेरी माँ मुझे गोद में लिए, अपने दूसरे लाल की तलाश में पागलों की तरह दौड़ रही थी। धीरे-धीरे शाम ढल चुकी थी। लेकिन भाई का कहीं पता नहीं। गंगाजी में डूबने की आशंका से पुलिस प्रशासन सहित कई गोताखोर गंगा की लहरों में मेरे भाई को तलाश रहे थे, परंतु कोई सफलता न मिली, दूसरा दिन भी व्यर्थ गया, चारों ओर कोहराम मचा था, अंतत: वही हुआ जिसका भय था, तीसरे दिन पानी के ऊपर तैरता मेरे भाई का शव दिखाई दिया, जिसे देख मेरे घरवाले पागल हो उठे, लोगों की दर्दभरी चीखों से वातावरण करुणामय हो चुका था, किंतु अब रोने- बिलखने के अलावा क्या शेष था। दाह संस्कार की चिता सज चुकी थी, कुछ ही पलों में मेरे भाई का अस्तित्व समास हो गया, बस रह गई थी तो यादें बस यादों के सहारे ही सबको जीना था। कई दिनों तक घर में मातम पसरा रहा मेरे पिताजी ने माँ

को बहुत ढांढस बंधाया लेकिन बेटे की तड़प में माँ का कलेजा तो छलनी हो चुका था।

उनकी हालत देखते नहीं बनती, ये कहने की आवश्यकता नहीं कि माँ के ममतामयी स्वरूप को कौन नहीं जानता, लेकिन वक़्त और हालात से समझौता हर इन्सान की मजबूरी है, मेरी माँ ने भी वही किया।

पिताजी ने माँ को व्यस्त रखने के उद्देश्य से कोशिश करके लखनऊ में ही स्थित नवयुग कन्या पाठशाला में मेरी माँ को टीचर की नौकरी दिलवा दी, माँ तो काफी पढ़ी-लिखी थी, पिताजी ने स्वयं अपनी शादी के बाद भी माँ की पढ़ाई के लिए पूरी आजादी दे रखी थी, सो माँ ने अपनी मेहनत लगन से डबल एम.ए. तक की पढ़ाई की। इसलिये एक शिक्षिका के रूप में अध्यापन कार्य माँ के लिये मुश्किल न था। मेहनत व लगन से माँ ने स्कूल में पढ़ाना शुरु कर दिया।

अब माँ की दिनचर्या में मेरा उनके साथ स्कूल जाना शामिल था, मेरी प्रारंभिक शिक्षा उसी स्कूल में हुई जहां मेरी माँ पढ़ाती थी। घर में फिर से सब कुछ अच्छा चल रहा था मैं भी सात (7) बरस पार कर चुका था, मेरे बचपन की एक घटना जो धुंधली सी याद बनकर आज भी मेरे जेहन में है, इस दुनिया से बेखबर मुझे तनिक भी ज्ञान न था। उस शाम मैं माँ के साथ मंदिर गया जहां उन्होंने बोला कि भगवान के हाथ जोड़ो, गोड़ धरो (देहाती गांव की भाषा में गोड़ का अर्थ पैर होता है) अब मुझ नासमझ को क्या मालूम कि पैर कहां रखना है सो मैं भगवान के ऊपर ही पैर उठा

के रख दिया। ये मेरी नादानी थी, माँ के साथ- साथ मैंने भी इस कार्य के लिये माफ़ी मांगी।

पहली बार मुझे ज्ञान हुआ कि भगवान क्या बला है। वह दिन भी कभी नहीं भूल सकता जब प्रतिदिन सोने के पहले कभी मेरी माँ तो कभी पिताजी मुझको कहानियां सुनाते, बिना कहानी सुने मुझे नींद भी न आती, माँ की गोद में बचपन बहुत मजे से बीत रहा था, इसी बीच माँ की जिंदगी में एक नया मोड़ आया जिसने घर क्या पूरे खानदान का इतिहास ही बदल डाला।

माँ की मुलाकात कमला देवी सिंह चौहान नाम की महिला से हुई जो कांग्रेस (सेवादल) पार्टी में किसी पद पर कार्यरत थी, उसने माँ को अपने माया जाल में फंसा के अपनी पार्टी में शामिल कर लिया, पहले पिताजी इसके लिए राजी न थे, उनको नेतागिरी पसन्द न थी किंतु माँ की बातों के आगे उनको झुकना पड़ा, नतीजा ये रहा की माँ को स्कूल की नौकरी से त्यागपत्र देना पड़ा। माँ ने कांग्रेस पार्टी ज्वाईन कर लिया, पार्टी में आते ही मेरे घर की रौनक ही बदल गई। कोई न कोई रिश्तेदार- नातेदार हमेशा हमारे घर पड़ा रहता। घर में पैसों की कमी न थी। बेफ़िकर हो के माँ ने पार्टी की सेवा तन- मन- धन से किया, कांग्रेस पार्टी के बड़े पदाधिकारी, और राजनेता आदि माँ के कार्यों से बहुत खुश थे।

बहुत जल्द ही मेरी माँ की छवि देखते हुए कांग्रेस पार्टी में माँ को जिला अध्यक्ष का पद मिल गया था। यह एक सच्चाई है कि किसी भी पार्टी में आगे बढ़ने के लिए जनता की सेवा और उनके बीच अपनी पहचान बनाना यह सब आसान नहीं होता, लेकिन माँ ने यह सब कर दिखाया। एक से बढ़कर एक नामी-गिरामी बदमाश

भी माँ के आगे नतमस्तक थे, इसका कारण ये भी था कि पिताजी का पुलिस विभाग में कार्यरत होना वो भी सी.आई.डी. इंस्पेक्टर के पद पर आसीन होने के फलस्वरूप लखनऊ के किसी भी थाने के इंचार्ज भी उनके सम्मान में खड़े हो जाते थे।

इस संदर्भ में एक खौफ़नाक घटना जो उस समय माँ के साथ घटी जब उन्होंने स्कूल में पढ़ाने की शुरुआत की थी, उस समय गणेश गंज इलाके का नामी बदमाश किशन जो मेरे घर के नीचे आया था, उस समय मेरी माँ चूल्हे पर खाना पका रही थी, आंखों में धुआं लगने के कारण उसने माँ को रौब दिखाते हुए भला बुरा कहा, और चला गया। मेरे परिवार के प्रति जाने क्यों ईर्ष्या रखता था, फिलहाल यह बात शाम को जब पिताजी को पता चली तो उन्होंने क्षेत्रीय थाना नाका हिंडोला– के इंचार्ज गौतेंद्रपाल को इस बात की खबर दी –बस फिर क्या था तत्काल उस बदमाश किशन को गिरफ्तार कर लिया गया, फिर जो सलूक उसके साथ हुआ, उसकी कल्पना भी भयावह है, गौतेंद्रपाल ने उसके हाथों पर जलते दहकते अंगारे रख दिए, क्योंकि किशन को धुएं से नफरत थी, वैसे गौतेंद्र पाल जी ने जो किया वह गलत था, क्योंकि मुजरिम को सजा देना न्यायालय का काम है, लेकिन आवेश में आकर उन्होंने यह सब कर दिया।

इस घटना के बाद किशन क्या और बदमाश लोगों की हिम्मत न थी जो हमारे घर की तरफ भी आंख उठाके देखें, बल्कि सहयोग के लिए सब खड़े रहते। अक्सर पार्टी के चक्कर में आज यहां रैली तो कहीं जनसभाएं– लोग ट्रकों बसों में भरकर जाते यही सब कारण था कि मेरे माँ की साख दिन पर दिन बढ़ती गई। उस

समय राजनीति क्षेत्र में अपना पैर जमा रहे कई नामी- गिरामी राजनेताओं के बीच माँ की ख्याति फैल चुकी थी। समय के साथ बढ़ते हुए माँ का संपर्क माननीय राजीव गांधी जी के साथ-साथ एन डी तिवारी- मोहिसना किदवई, सुनील शास्त्री (स्वर्गीय प्रधानमंत्री- माननीय लाल बहादुर शास्त्री जी के सुपुत्र) जैसे नामी-गिरामी नेताओं से हुआ, जो मेरी माँ का बहुत सम्मान करते थे।

तत्पश्चात कुछ ही दिन में चुनाव होने वाले थे, मेरी माँ का नाम भी चुना गया था। एम.एल.ए. के टिकट के लिए मेरी माँ को दिल्ली बुलाया गया था। अपनी भतीजी अर्थात मेरी चचेरी बहन कुसुम के साथ माँ दिल्ली रवाना हो गई, परन्तु वहां क्या हुआ कुछ भी ज्ञात नहीं। बस वहां से लौटते ही माँ ने कांग्रेस पार्टी जिला अध्यक्ष पद से त्यागपत्र दे दिया, घर से लेकर बाहर तक सभी लोग आश्चर्य में थे कि ऐसा क्यों हुआ, माँ के इस्तीफा देने का कारण क्या था, यह सब आज तक राज ही है।

फिर भी पार्टी छोड़ने के बाद भी माँ के हौसले पस्त न हुए, एक समाज सेविका के रूप में कार्य करते हुए माँ ने एक सामाजिक संस्था की नींव डाली। "महिला बेरोजगार कल्याण केंद्र" नाम की इस संस्था से हजारों महिलाएं जुड़ चुकी थीं, जिन के उत्थान के लिए माँ ने बहुत कड़ी मेहनत की। मेरी माँ के हर काम में सहयोग देने के लिए मेरे सबसे बड़े भाई श्री प्रकाश उर्फ राजन भैया हमेशा आगे खड़े रहते। भाई पर माँ को बहुत भरोसा था, हो भी क्यों न बिल्कुल माँ की तरह तेज तर्रार और बात व्यवहार में निपुण, ऊपर से स्मार्ट यह सब खूबियां यदि इंसान में हों तो लोगों का प्रभावित

होना स्वाभाविक है। घर से लेकर बाहर तक मेरे बड़े भाई का रुतबा ही कुछ अलग सा था।

मेरा घर एक मंदिर की तरह था, जिसमें भगवान के समान मेरे माँ-बाप और देवता समान मेरे आदर्श भाई और मुझसे बड़ी इकलौती बहन। घर में सब कुछ अच्छा चल रहा था, इसी बीच गणेशगंज में मकान को लेकर मकान मालिक से विवाद हुआ, यद्यपि वह उपरोक्त मकान को बेचकर कॉम्प्लेक्स बनाना चाहता था, मेरे परिवार को इस मकान में रहते बीस साल से ऊपर गुजर चुके थे, पिताजी ने मकान मालिक से कुछ वक्त मांगा, लेकिन वह इस बात के लिए कतई तैयार न था, एडवोकेट होने के कारण मकान मालिक रामस्वरूप गुप्ता ने हम लोगों पर कोर्ट के जरिए केस दायर करके जबरन मकान खाली करवा लिया, इस चक्कर में मेरे पिता को इलाहाबाद की एक जमीन भी बेचनी पड़ी, आज के लाखों की कीमत की वह जमीन कौड़ी के भाव चली गई। ऐसे हालात में हम लोगों को राजाजीपुरम कॉलोनी में अपने दूसरे मकान में शिफ्ट होना पड़ा। यह मकान अभी बना नहीं था मकान जर्जर अवस्था में था, फिर भी हम लोगों ने किसी तरह वहां रहना शुरू किया। घर के हालात में काफ़ी गिरावट आई, अब पहले जैसी शानो-शौकत नहीं थी, इसका मुख्य कारण यही था कि मेरे पिताजी ने माँ के राजनीतिक कैरियर को आगे बढ़ाने में पैसा पानी की तरह लुटाया जिसका कोई निष्कर्ष नहीं निकला, मेरी पढ़ाई में थी उन्होंने कोई कसर न छोड़ी, लखनऊ के सबसे महंगे और टॉप क्लास स्कूल में मेरी पढ़ाई हुई – सिटी मोंटेसरी स्कूल जो आज पूरे भारत क्या विश्व में नंबर वन है, गिनीज़ वर्ल्ड ऑफ बुक रिकार्ड्स में उपरोक्त

स्कूल का नाम दर्ज है। मुझे गर्व है कि मैं इस स्कूल का विद्यार्थी रहा, इस स्कूल में मैंने कक्षा 3 से कक्षा 6 तक शिक्षा प्राप्त की। इतना तो भली-भांति याद है कि मैंने बहुत आर्थिक कठिनाइयों में ऐसे स्कूल से शिक्षा प्राप्त की।

वक्त का कारवां गुजरता गया। आठ बरस से ऊपर मेरी उम्र हो चुकी थी, अक्सर मैं बीमार रहता, तो कभी चोट भी खा जाता इसके बावजूद शरारतपन मेरे रग- रग में रहता इसका एक उदाहरण कि मैंने इमली का बीज अपनी नाक में डाल लिया, जो नाक में इतनी बुरी तरह फंसी की निकलने का नाम ही नहीं ले रही, सब लोगों ने प्रयत्न किया लेकिन सभी लोग असफल हुए, आखिर में डॉक्टर के पास जाना पड़ा, तब जाकर मुश्किल से जान बची, इसके बाद का वह मनहूस दिन मैं हॉस्पिटल में डिस्चार्ज होकर घर लौटा था, मेरी माँ सिरहाने बैठी मेरा सिर दबा रही थी ठीक उसी समय अचानक दोपहर में ही मेरे पिताजी जीप में तीन-चार लोगों के साथ आए उनके चेहरे पर परेशानी के भाव झलक रहे थे, उनकी आंखें नम थीं।

असमय पिताजी को घर आया देख माँ चौंक गई आखिर क्या कारण था, क्योंकि इसके पहले पिताजी कभी इस तरह नहीं आए थे। माँ ने उनसे आने का कारण पूछा लेकिन बहुत देर तक पिताजी खामोश रहे, फिर बाद में रोते हुए बताया कि उनका बेटा राजन इस दुनिया में नहीं रहा। आलम बाग में ट्रक एक्सीडेंट से उसकी मौके पर ही मौत हो गई। बेटे के मौत की खबर सुनते ही मेरी माँ बेहोश हो गई, मुझे तो कुछ अक्ल थी नहीं बस लेटे हुए ये सब तमाशा देख सुन रहा था। होश में आने पर माँ और मेरे तीसरे नंबर के भाई नवनीत उर्फ रस्किन भैय्या को साथ लेकर पिताजी

आलमबाग घटनास्थल पर गए, वहां से बॉडी पोस्टमार्टम के लिए गई, बॉडी मिलने पर दाह संस्कार हुआ, मैं घर पर था, पड़ोस की रहने वाली आंटी व मेरी बहन मेरी देखभाल के लिए घर पर थे।

रात्रि दस बजे के बाद सभी लोग घर पर वापस आ चुके थे, जबकि घर आने के बाद माँ फिर बेसुध होकर गिर पड़ी, उस दिन के बाद से मेरी माँ गुमसुम रहने लगी, उनको इतना गहरा सदमा लगा था कि धीरे-धीरे उनकी याददाश्त कमजोर होने लगी, चेहरे की तेजी भी धीरे-धीरे मद्धिम पड़ने लगी, उनके सारे कामकाज बंद हो चुके थे, घर में वो किसी से बात भी नहीं करती, बस दिन भर घर के बाहर गेट पर बैठी रहती, उनकी आंखें कुछ तलाशती रहती, बस मुझको अपने ममता के आंचल में समेटे खामोश कभी मुस्कुराती कभी रोती। गहरे सदमे में डूबी माँ की पीड़ा दिन पर दिन बढ़ती जा रही थी, जिसे देख सारा घर परेशान था।

उनकी सलामती के लिए और पुन: पुराने हाल में वापस लाने की कोशिश की गई, लेकिन सारी कोशिशें नाकाम, झाड़ फूंक, ओझा, मंदिर- मस्जिद ऐसी कोई जगह न बची जहां माँ को लेकर कोई ना गया हो, बस एक ही जगह और बची थी मानसिक चिकित्सालय जहां उम्मीद थी कि शायद माँ ठीक हो जाए। यह सोचकर उनको लखनऊ स्थित नूर मंजिल मानसिक चिकित्सालय में भर्ती करवा दिया गया। काफी दिनों तक उनका इलाज चला, उनके हालत में काफ़ी सुधार हुआ, सही हो जाने पर डिस्चार्ज कराके माँ को घर वापस लाया गया।

माँ की मानसिक बीमारी के बीच की वह घटना भूल नहीं सकता, जब मेरे घर के सामने रहने वाली एक औरत ने माँ को

पागल कह दिया था, जिसे सुनकर मुझे इतना क्रोध आया, छोटा होने के बावजूद मैं चप्पल लेकर उसको मार के भाग आया। माँ की हालत में अब सुधार था, लेकिन फिर भी कुछ बीमारी के लक्षण अब भी मौजूद थे, मेरी माँ सुबह उठकर घर से थोड़ी दूर स्थित टड़ियन मंदिर निकल जाती, घर में रखे गहने- जेवर- रुपया पैसा कुछ न कुछ उठाकर कहीं बांट आती या मंदिर में चढ़ा देती। बाद में जब पता लगता तो सब माथा पीट के रह जाते सिवाय पछतावे के और हम लोग कर भी क्या सकते थे? उनकी मानसिक बीमारी को दो वर्ष से ऊपर गुजर चुके थे। मेरा घर अब स्वर्ग से नरक बन चुका था, इन सब के बीच भी निरंतर मेरी पढ़ाई जारी थी।

मेरे घर के हालात देखकर मेरे रिश्तेदारों ने पिताजी को राय दी कि, मेरे तीसरे नंबर भाई नवनीत का विवाह कर दिया जाए तो कम से कम माँ की देखभाल के लिए कोई बहू रहेगी तो सास की सेवा भी अच्छी तरह हो सकती है और घर का वातावरण- माहौल में भी कुछ बदलाव हो जाएगा। रिश्तेदारों की बातें पिताजी की समझ में आ गई।

उस समय का दौर और आजकल का माहौल काफी बड़ा अंतर आ चुका है, पहले थोड़ी बहुत सिफारिश पर ही लोगों को नौकरी मिल जाती थी, पर आज स्थिति यह है कि बेरोजगारी का आलम इतना बढ़ गया है भ्रष्टाचार चरम सीमा पर पहुंच चुका है, रिश्वत घूस देकर भी लोगों को नौकरी मिलना मुश्किल है। मेरे पिताजी ने बिना लिए- दिए मेरी मौसी के दो लड़कों को सरकारी नौकरी दिलवा दिया जबकि अपने बेटे की नौकरी पढ़ाई पूरी ना होने की वजह से नहीं लगवा पाए, उस समय यूपी के डीजीपी श्री जयेंद्र नाथ चतुर्वेदी

जो रिटायर होकर संघ लोक सेवा आयोग के अध्यक्ष नियुक्त किए गये, उनकी पिताजी से घनिष्ठ मित्रता थी उनका फायदा भी कुछ न मिल सका क्योंकि घर में कोई नौकरी योग्य नहीं था।

मुझे याद है कि पिताजी ने भाई साहब के लिए यह भी सोचा था कि उनको ड्राइविंग सिखा दिया जाए बाद में चार पहिया खरीद कर बेटे को ट्रेवल्स एजेंसी का काम करवा देंगे, लेकिन भाई साहब ड्राइविंग भी नहीं सीख पाये, पिताजी उनसे इतना नर्वस हो चुके थे कि उनसे कुछ भी उम्मीद करना ही छोड़ दिया। इन्हीं सब कारणों से पिताजी ने भी मन बना लिया था कि उनकी शादी कर दें तो शायद उनमें कुछ सुधार- कुछ बदलाव आ जाए।

1990 में मेरे भाई साहब की शादी एक सामान्य कायस्थ परिवार में बनारस से संपन्न हो चुकी थी, घर में एक बार फिर से खुशी की हलचल शुरू हो गई। कुछ दिनों तक भाई साहब की दोस्ती यारी कम रही लेकिन बाद में फिर वही रवैया शुरू हो गया। पिताजी के रिटायरमेंट का समय भी नजदीक था, इसके पहले उन्होंने बहुत अच्छा काम किया कि उपरोक्त आवंटित घर का नक्शा ही बदल डाला, लाखों रुपए खर्च करके आलीशान बंगलानुमा घर बनवा दिया, उस इलाके में सबसे शानदार मकान हम ही लोगों का था। जब भी कोई उधर से गुजरता मेरे मकान पर जरूर उसकी नजर जाती।

फिलहाल भाभी के आ जाने के बाद घर में थोड़ी रौनक आ चुकी थी, साल भर के अंदर ही मैं चाचा बन चुका था, भाभी ने बहुत सुंदर बच्ची को जन्म दिया, प्यार से लकी नाम से पुकारा

जाने लगा, इधर मेरे पिताजी को उनकी ईमानदारी और कार्य कौशल के लिए महामहिम राष्ट्रपति महोदय द्वारा राष्ट्रपति पुरस्कार दिया गया, जो स्वयं में एक महान उपलब्धि थी।

मुझे गर्व है कि मैं एक ईमानदार और कर्तव्यनिष्ठ पिता का बेटा हूं, मुझे याद है कि पिताजी के सामने रिश्वत के लिये लोग भर -भर के पैसा लाते थे, लेकिन पिताजी ने कभी उपहार व हराम का पैसा नहीं लिया, यदि वे चाहते करोड़ों कमा सकते थे, उनका विभाग ही ऐसा था- सी.आई.डी. इस नाम से भी लोग दहशत खाते हैं, फिलहाल कुछ ही दिनों बाद पिताजी का प्रमोशन हुआ और उन्होंने ऑफिस सुपरिंटेंडेंट का पद ग्रहण किया, अब उनकी पदवी एस.पी. सिटी रैंक थी, गत दो वर्षों बाद उनका रिटायरमेंट हो गया।

सब कुछ भली-भांति अच्छा चल रहा था लेकिन शायद ऊपर वाले को हमारी खुशियां मंजूर न थीं। दिवाली का वह मनहूस दिन (13 नवंबर 1993) घर में साफ सफाई का काम चल रहा था, सब लोग मिलकर काम कर रहे थे, लेकिन जाने क्यों काम में मेरा मन नहीं लग रहा था, प्रतीत होता ही न था कि आज दिवाली है, दिन में ही बिल्लियों के रोने की आवाज उनका झगड़ा सब कुछ अलग सा लग रहा था, किसी तरह शाम बीता हम लोग बाजार से पूजा आदि का सामान भी ला चुके थे, लेकिन पहली बार दिवाली जैसे त्यौहार में बेहोशी का आलम लग रहा था, रह- रह कर मुझे नींद आ रही थी, मुझे कब नींद आ गयी पता ही न चला।

रात्रि 12:00 बजे के पहले पूजा के लिए मेरी बहन ने मुझे जगाया। अनमने मन से मैं भी पूजा के लिए उठ चुका था, मेरी माँ

मुझे देखकर हल्का मुस्कुरा रही थी, तत्पश्चात पूजा आरम्भ होने के पहले ही गणेश जी की मूर्ति गिर गई, बहुत बड़ा अपशकुन हुआ, किसी तरह बाज़ार से दूसरी मूर्ति लाके पूजा आरंभ हुई। पूजा समाप्त होने के बाद सब लोग खाना खाने के लिए बैठ चुके थे, मेरी माँ मुझे अपने हाथों से खाना खिला रही थी, जाने क्यों मुझे फिर नींद आने लगी, सब लोगों ने पटाखे आदि जलाने के लिए मुझे उकसाया, किंतु मेरा कुछ भी मन नहीं था। मुझको खाना खिलाने के बाद माँ भी सेफ (अलमारी) के पास बैठकर खाना खाने लगी, बस थोड़ा बहुत खाना खाया ही था कि अचानक खाना खाते खाते वे गिर गईं, कब- कैसे क्या हुआ कुछ पता नहीं। इस अनहोनी से सभी लोग घबरा चुके थे।

माँ के ऊपर पानी डाल कर उनको होश में लाने की कोशिश की गई लेकिन उनको होश नहीं आया, घर में कोहराम मच गया, रात्री के लगभग दो बज चुके थे, घर से थोड़ी दूरी पर स्थित नर्सिंग होम से डॉक्टर को बुलाया गया लेकिन वह क्लीनिक बंद करके गया हुआ था, उस समय कोई साधन भी नहीं मिल रहा था, बड़ी मुश्किल से घर के सामने एक टैक्सी वाले को हॉस्पिटल चलने के लिए तैयार किया गया। कुछ पल बाद हम लोग बलरामपुर हॉस्पिटल में थे, माँ का इलाज शुरु हो चुका था, उधर मेरी बहन पागलों की तरह रात में दौड़ते हुए करीब में रह रहे चाचा- चाची को बुला लाई करीब 2 घंटे तक माँ का इलाज चलता रहा लेकिन सुबह मेरी माँ ने दम तोड़ दिया, हम सब को अकेला छोड़ कर माँ ने इस दुनिया से हमेशा के लिए विदाई ले ली, सभी लोग रो रहे थे, लेकिन मैं अंदर ही अंदर घुट रहा था, आंखों से आंसू निकलने

का नाम ही नहीं ले रहे थे, मुझे विश्वास ही नहीं था, कि अब मेरी माँ इस दुनिया में नहीं है।

आज भी सबके रोते- बिलखते चेहरे मेरी आंखों के सामने अनायास धुंध बनकर छा जाते हैं। माँ के बिछड़ने का दर्द कितना असहनीय होता है बयां करना बहुत मुश्किल है ऊपर वाले के आगे किसी का वश नहीं, वो परमात्मा कब किसको अपने पास बुला ले यह किसी को पता नहीं। मेरी माँ की आत्मा भी परमात्मा में विलीन हो चुकी थी, घर में रोना- बिलखना शुरु था, दूर के रिश्तेदारों, नाते दारों को खबर भेजना उस समय आसान नहीं था, क्योंकि मोबाइल सेवा की शुरुआत नहीं हुई थी, दूसरी तरफ दिवाली के दूसरे दिन का अवकाश दुकानों से लेकर ऑफिस दफ्तर तक सभी कुछ बंद था, उस समय एटीएम का भी खास प्रचलन भी नहीं था, स्थिति यह थी कि माँ के अंतिम संस्कार के लिए घर में पैसे न थे। पिताजी ने बगल में दुकानदार से उधार रुपये माँगे, लेकिन उसने नहीं दिए।

लोगों का मानना है कि दिवाली के दूसरे दिन(परेवा) में पैसे देने से इंसान निर्धन हो जाता है, यही कारण था कि लोग पैसा देने से डर रहे थे, समय अपनी रफ़्तार से बढ़ रहा था घर में तनाव का माहौल व्यास हो चुका था, आखिरकार ऐसे समय में उपरोक्त दुकानदार के सगे भाई - हरि ओम अग्रवाल ने किसी अप्रिय घटना की परवाह न करते हुए पिताजी को दस हजार रुपये ला के दिए, तब जाके शाम को माँ का अंतिम संस्कार हुआ, पहली बार मैं श्मशान भूमि गया था, "शरीर नश्वर है" का ज्ञान मुझे यहीं प्राप्त हुआ, इक दिन यही हाल सबका होना है, जो पैदा

हुआ उसकी मृत्यु निश्चित है, अब मालूम हो चुका था, जो लोग आज आंसू बहा रहे हैं, कल शांत हो जाएंगे अनेक सवालों के घेरे में स्वयं को उलझाए मैंने चुपचाप अपनी माँ की यादों को अपने सीने में दफ़न कर लिया दर्द तो आज भी होता है, पर दिखावा दिखाने से कोई फायदा नहीं, मेरी आंखों से निकलने वाले आंसू अंदर ही अंदर सूख चुके हैं।

बहरहाल रात्रिकाल में हम सभी लोग घर वापस आ चुके थे, दूसरे दिन से रिश्तेदारों का आना-जाना शुरू हो गया, धीरे-धीरे दसवीं- तेरहवीं सारे कार्य संपन्न हो गए, आने वालों ने अपनी-अपनी औपचारिकताएं पूरी की और विदा हो गए।

माँ के चले जाने के बाद घर में वीरानी सी छाई रहती, मेरा मन पढ़ाई से हटने लगा, फिर भी हाई स्कूल-(H. S. C) प्रथम श्रेणी दो विषयों में डिस्टिंक्शन सहित पास किया स्वयं को बिजी रखने के लिए मैंने ट्यूशन पढ़ाना शुरू कर दिया। मेरे पढ़ाई की नींव इतनी मजबूत थी कि मुझे ट्यूशन पढ़ाने में कोई दिक्कत नहीं आती, हाईस्कूल तक के स्टूडेंट्स को मैं आसानी से पढ़ा लेता।

वह दिन मुझे याद है जब हाई स्कूल पास होने के बाद स्कूल में मुझे सम्मानित किया गया, उपहार स्वरूप मुझे प्रशस्ति पत्र व ऑक्सफोर्ड डिक्शनरी मिला। यह सम्मान मेरे लिये गौरवपूर्ण था। मैंने लखनऊ क्रिश्चियन कॉलेज से हाईस्कूल व इंटर पास किया, इसी बीच एक स्कीम के अंतर्गत मैंने "उ.प्र. पुलिस औद्योगिक प्रशिक्षण केंद्र" महानगर से 2 वर्षीय प्रशिक्षण प्राप्त किया, पुलिस कर्मचारियों के बेटों के लिए प्रदेश सरकार ने ऐसी योजना चलाई

जिसके अंतर्गत 2 वर्षीय- पाठ्यक्रम मैकेनिक रेडिओ/ टी वी तथा वायर्लेस आपरेटर का ट्रेड निर्धारित किया गया, जो कि आई.टी. आई. से सम्बद्ध था। मैंने मेहनत करके 94% से आई. टी. आई. रेडियो एवं टी वी मेकेनिक परीक्षा पास कर ली। अब तक मैं 16 बरस पार कर चुका था।

प्रशिक्षण प्राप्त करने के बाद मैं बहुत खुश था कि दो-तीन साल बाद मुझे सरकारी नौकरी मिल ही जाएगी, लेकिन किस्मत में शायद सरकारी नौकरी ना थी। प्रशिक्षणप्राप्त कुछ अभ्यार्थियों ने जल्दबाजी के चक्कर में कोर्ट केस कर दिया जिसके बाद यह प्रशिक्षण योजना समाप्त हो गयी, मेरा भी ध्यान उधर से हट चुका था। फिर भी मैंने ट्यूशन पढ़ाना नहीं छोड़ा जो पैसा कमाता वह घर पर खर्च कर देता, अपने लिए कुछ भी न सोचता था, पिताजी के पेंशन से ही घर का खर्चा चलता जिसमें मेरा भी योगदान रहता।

मुझमें कुछ अच्छाईयों के साथ- साथ एक बुरी आदत शुरू से रही की जरा सी बात घर में होती तुरंत बैग उठा घर से निकल पड़ता, मैं बनारस अपनी मौसी के घर या इलाहाबाद चाची के घर जा पहुंचता, गुस्सा शांत होने पर घर वापस आ जाता, इसी क्रम में एक छोटी सी घटना याद आती है, तब मैं आठ- नौ साल का था, उस समय गर्मी की छुट्टियों में मैं माँ के साथ अपने मामा के घर गाजीपुर (लखनऊ से 400 किलोमीटर दूर) गया था, मैंने माँ से अपने लिए दो रुपये मांगे थे, लेकिन माँ ने पैसा देने से मना कर दिया उन्होनें कहा पैसे खत्म हो गए हैं, बस फिर क्या था, मुझे बहुत झुंझुलाहट हुई- मैंने तुरंत नन्हा सा स्कूल बैग उठाया किसी को बिना बताए वहां से ट्रेन में बैठकर लखनऊ आ गया,

मुझे गाड़ी के बारे में जानकारी न थी, फिर भी सब से पूछते हुए जानकारी लेकर इतना लंबा सफ़र तय कर लिया, मेरे दिमाग में बस एक ही बात घूम रही थी कि माँ के पास पैसे नहीं हैं, तो अपने पापा से पैसे लेकर उन्हें दे दूं। मात्र 2 रुपये के चक्कर में गाजीपुर से लखनऊ तक की यात्रा कर डाली।

दूसरे दिन दोपहर लगभग 11:00 बजे मैं लखनऊ चारबाग स्टेशन पहुंच चुका था ट्रेन की रफ्तार धीमी हो जाने पर मैं चलती गाड़ी से कूद कर एक ओर भागा मुझे नहीं मालूम था कि मेरे पीछे एक टीटी भी मुझ को पकड़ने के लिए दौड़ लगा रहा था, अपने फुर्तीलेपन से उसने मुझे धर दबोचा, उसको जानकारी हो चुकी थी, कि मैं कहां से आ रहा हूं मेरी तलाशी लेने पर उसको एक आना नहीं मिला पकड़े जाने पर मैं घबराहट में रोने लगा। मुझको रोता देखकर वह टीटी भी घबरा के तुरंत बोला- बेटा जैसे भाग रहे थे वैसे ही भागो, बस फिर क्या था जैसे- तैसे जान बचाकर इतनी तेज भागा कि कहीं बिना रुके सीधा घर आ पहुंचा, अचानक आया देखकर सब लोग दंग रह गए, उधर गाजीपुर मामा तथा मौसी के यहां मेरी खोजबीन चालू थी, दूसरे दिन मेरे बड़े भैया मुझे अपने साथ लेकर मामा के यहां पहुंचे।

दूसरी घटना में भी जवानी की ओर कदम रखने के पहले- फिर घरवालों से गुस्सा होकर लखनऊ चारबाग स्टेशन पर बैठा बनारस जाने की योजना बना रहा था, ठीक उसी वक्त बनारस के लिए ट्रेन आने में विलंब था। टिकट काउंटर से अलग थोड़ी दूरी पर बैठा था इसी बीच एक लड़का उम्र लगभग 20-21 के करीब में आकर बैठ गया, उसकी निगाहें मुझ पर जम चुकी थीं, आखिर उसने मुझसे

पूछा कि मैं कहां जा रहा हूं प्रत्युत्तर में मैंने उसे बता दिया कि बनारस के लिए मुझे ट्रेन पकड़नी है, यह सुनकर हल्का मुस्कुराते हुए उसने कहा कि वह भी बनारस का रहने वाला है, और अब वैष्णो देवी दर्शन करने जम्मू जा रहा है, उसने बताया कि उसकी ट्रेन छूट गई है।

उस शख्स ने मुझसे अपने साथ जम्मू चलने का आग्रह किया और बैग से करीब चार हजार रुपये निकाल कर मेरे हाथों में थमा दिया, इतना रुपया देख मेरे अन्दर घबराहट होने लगी और मैंने उसे पैसे वापस करते हुए पूछा कि भाई मुझे क्यों पैसे दे रहे हो? जवाब में पुन: पैसे वापस देते हुए कहा कि मैं तुम्हारा खर्चा उठाउंगा तुम मेरे साथ चलो सफर लंबा है और मैं अकेला हूं, तुम्हारा साथ रहेगा तो अच्छा होगा, उसकी कुछ बातें मेरी समझ में आ रही थी फिर भी एक अनजान आदमी के साथ- बिना जान पहचान इतनी दूर बाहर निकलना सही नहीं था काफ़ी विचार करके मैंने मना कर दिया लेकिन बार-बार उसके जिद करने पर अंतत: हामी भर दी, अपनी शर्तों पर उसे साथ लेकर पहले अपने घर आया अब तक मेरा गुस्सा शांत हो चुका था, घर में मैंने बहाना बनाके किसी तरह सबको राज़ी कर लिया, मेरी जिद के आगे किसी की न चली, शाम को मेरे भाई ने स्टेशन पहुंच हमदोनों को गाड़ी पर बिठा दिया।

दूसरे दिन हम दोनों जम्मूतवी पहुंच गए, वहां से कटरा फिर वैष्णो देवी धाम पहुंच के दर्शन किए, इस बीच वह शख्स जगह-जगह कुछ न कुछ खरीदारी करते हुए पैसा मांगता गया और मैं देता गया, करीब 2 दिनों तक हम लोग वैष्णो देवी धाम रुके रहे,

फिर तीसरे दिन वापसी पर जब हम बस में बैठे तो उसने मुझसे मीट मांस खाने की इच्छा जाहिर की, उसकी ये बात सुन मैं डर के काफी दूर बैठ गया और सोचने लगा कि कैसा पापी इंसान है जो अभी मां के दर्शन करके ऐसी बातें सोच रहा है, मुझे अंदर भय लग रहा था कि कहीं वो लड़का मार न खा जाये, फिर भी मैं क्या कर सकता था?

शाम का वक्त हो चुका था, हम स्टेशन से पहले कुछ दूरी पर एक होटल के पास उतर गए , जहां कई होटल व रेस्टोरेंट आदि थे। वह शख्स एक नॉनवेज होटल में घुस गया जबकि मैं बाहर था, मेरी हिम्मत न थी कि उसके साथ पाप का भागीदार बनूं मैं बाहर खड़ा रहा अपनी जेब से निकालकर उसे 500 रूपये दे दिए थे, वही अंतिम नोट बचा था उसको पैसे देने के बाद जेब में कुछ और बचे पैसों से मैंने पूरी सब्जी खाया। तत्पश्चात स्टेशन पहुंचने के बाद जब टिकट खरीदने की बारी आई तो पैसा नदारद था, मात्र 150 रुपये हम दोनों के पास बचे थे, हम लोगों को आभास ना था कि इतना पैसा खर्च हो जाएगा। कुछ समझ नहीं आ रहा था कि क्या किया जाये। विपरीत हालात में हम लोगों ने सोचा कि आज रात स्टेशन पर ही गुजार लेते हैं, फिर कल सुबह देखा जाएगा। जम्मू प्लेटफार्म पर चादर बिछा हम लोग लेट गए, उस शख्स को तो नींद आ गई जबकि मैं लेटा कल के बारे में सोच रहा था कि संकट की घड़ी में घर कैसे पहुंचा जाए?

अभी मैं विचारमग्न था कि अचानक मैंने देखा कि वह शख्स बहुत तेजी से कांप रहा है उसकी सांसें फूल रही थी, मैं घबरा के जैसे ही उसको छूने चला वह झट उठ के बैठ गया, उसको उल्टियां

शुरू हो गईं, उल्टी रुकने का नाम ही नहीं ले रही थी, कुछ पल बाद उसकी आंखें पलट गयीं थीं, ये नज़ारा देख मुझे अंदर ही अंदर रोना आ रहा था, मुझे लग रहा था कि उस शख्स के प्राण पखेरू बस उड़ने वाले हैं, अब भगवान के अलावा कोई नहीं बचा सकता था, मुझे अहसास था कि शायद माँ वैष्णौ देवी हम लोगों से रुष्ट हो गयी हैं, सच्चे मन से मैंने माँ वैष्णो देवी का स्मरण करते हुए प्रार्थना की "हे माँ किसी तरह हम लोगों को बचा लो, उस शख्स के लिए मैंने माँ से माफी मांगी। अभी यह सब चल ही रहा था कि देखते- देखते हम लोगों के इर्द-गिर्द भीड़ जमा हो गई, कुछ ही देर में आरपीएफ के कुछ जवान भी आ पहुंचे, सब मेरी हालत देख के तरस खा रहे थे तभी चमत्कार हुआ, माँ ने हमारी प्रार्थना सुन ली उस शख्स की सांसें पुन: वापस आ गईं, मेरे चेहरे पर भी राहत की सांस आ गई, मैंने देवी माँ का धन्यवाद करते हुए, वहां उल्टी में सने कपड़े फेंके और आसपास साफ-सफाई करके बैठ गया, फिर उस शक्स ने भी हाथ- मुंह धोया और पुन: लेट गया, कुछ देर तक हम लोग बातें करते रहे, फिर कब हम लोगों को नींद आ गई पता ही न चला। प्रातः काल हो चुका था, चाय नाश्ता करके हम लोग आगे की योजना बनाने लगे।

दोपहर के लगभग 12:00 बजे लखनऊ के लिए ट्रेन छूटने वाली थी, टिकट के लिये तो पैसे थे नहीं, सो मैंने बीएसएफ के एक जवान को पटाया, उससे प्रार्थना किया कि हम लोगों को किसी तरह लखनऊ तक सुरक्षित पहुंचा दे, हम लोगों की हालत देख उस बेचारे ने अपने अन्य साथियों से बात करके अपनी बोगी में हम दोनों को बिठा लिया, दूसरे दिन दोपहर हम दोनों सकुशल

लखनऊ पहुंच गए, घर पहुंचने पर शख्स 2 दिन रुका और मेरे घर से 500 रुपये मांग के अपने घर वाराणसी निकल गया, जाने के पहले अपने घर व दुकान का पता दिया था, उसने बताया था कि वाराणसी चौक में उसकी ज्वेलरी की दुकान है।

जम्मू यात्रा को काफी दिन गुजर चुके थे, पर उस शख्स को मैं नहीं भूला था उसके साथ यात्रा की सारी घटनाएं मेरी आंखों के सामने घूमती रहती, इत्तेफाक से मेरे भाई साहब बनारस अपने ससुराल जाने वाले थे, सो मैंने कहा भाई से कहा कि उस शख्स का हालचाल ले लिया जाये, कुछ भी हो उसके माध्यम से मैंने वैष्णवी माता के दर्शन करके स्वयं को धन्य किया था।

दूसरे दिन मेरे भाई बनारस पहुंच चुके थे, दो दिन बाद वापस आने पर जो उन्होंने बताया सुन के सब लोग दंग रह गए, भाई के कथनानुसार उस शख्स के घर जाने पर उसकी माँ से मुलाकत हुई लेकिन वह शख्स अर्थात् उसका लड़का अभी जेल में था, ऐसा उसकी माँ ने बताया था, उसके पिताजी गुजर चुके थे और अब उसके चाचा ने उसे जेल भिजवा दिया था, 3 महीने पहले वह चाचा के 50000 रुपये चुरा के भाग गया था, और सारे पैसे उसने खर्च कर डाले इसलिए गुस्से में चाचा ने रिपोर्ट एफ आई आर दर्ज करके उसे जेल भिजवा दिया। यह सब कहानी सुनकर भाई साहब वहां से तुरंत खिसक लिये, अब समझ में आ गया था कि वो 4000 रुपये शायद उसकी अंतिम पूंजी बची थी जो मैं उसके साथ वैष्णो देवी यात्रा पर गए थे। मेरे जीवन की वो यात्रा मेरे लिए एक यादगार बन कर रह गई। जैसे जैसे मेरे कदम जवानी की ओर बढ़ रहे थे, मेरे अंदर पैसा कमाने की चाहत बढ़ रही थी।

इत्तेफ़ाक़ से कुछ दिनों बाद मेरे बचपन का मित्र अनुराग श्रीवास्तव से मेरी मुलाकात हुई, हम दोनों सीएमएस स्कूल में सहपाठी थे, पैसे की उसके पास कोई कमी न थी, उसने पार्टनरशिप में बिजनेस डालने का प्रस्ताव रखा, जिससे हम दोनों को कुछ फायदा मिल सके, यद्यपि वह मेरा सीनियर था, और अपने पिता की मृत्यु पश्चात उनके स्थान पर पीडब्ल्यूडी लखनऊ में उसकी नौकरी लग चुकी थी जहां आज भी वो कार्यरत हैं। हम दोनों ने मिलकर लखनऊ राजाजीपुरम में एक कांप्लेक्स के अंदर "कास्टा इलेक्ट्रॉनिक सेंटर" नाम से एक दुकान खोली। आईटीआई मेकेनिकल ट्रेड मुझे थोड़ा बहुत ज्ञान था साथ ही मैंने एक कारीगर रखा और अलग से मार्केटिंग के लिए दो वर्कर रखे, हम लोग टीवी असेंबल करके बेचने लगे, जबकि उस समय पोर्टेबल टीवी का जमाना था, किश्तों पर तथा नगद दोनों प्रकार से हमारे टीवी की मांग बढ़ने लगी- फायदा भी हो रहा था। अकेले में ही सारा बिजनेस संभाल रहा था इतनी कम उम्र में भी व्यापार का धीरे-धीरे अच्छा अनुभव होने लगा। मेरा मित्र केवल हिसाब करने आता। अकेला होने की वजह से मुझे काफी दिक्कतें आती थी, परंतु मैं सब संभाल लेता।

दुर्भाग्यवश कुछ महीनों बाद मुझे कांप्लेक्स में दुकान खाली करने को कहा गया, यद्यपि वहां कुछ मरम्मत आदि का कार्य होना था, इसके विपरीत घर की कुछ समस्याओं के चलते मुझे शॉप बंद करना पड़ा। पार्टनर की रजामंदी से यह बिजनेस बंद हो गया और हम लोग हिसाब करके अलग -अलग हो गए, मुझे बहुत अफसोस हुआ। मेरे भाई साहब ने भी कभी इस बिजनेस की ओर

ध्यान नहीं दिया यदि उनका भी सहयोग मिलता तो शायद कहीं दूसरी जगह दुकान देकर यह कार्य कर सकता था।

खाली बैठना शुरू से ही पसंद न था, हमेशा जिंदगी में आगे बढ़ने का उपाय ढूंढता रहता। भाग्यवश कुछ दिन बाद सहारा इंडिया पैरा बैंकिंग सेक्टर में काम करने वाले कौशल किशोर नाम के व्यक्ति से मेरी मुलाकात हुई, जिन्होंने अपनी टीम में एक प्रमोटर के रूप में मुझे जोड़ा, उनको मालूम था कि मेरे कांटेक्ट बहुत अच्छे हैं मेरे साथ उनको भी अच्छा फायदा मिल सकता है, सो सहारा इंडिया में तन- मन से मैं कार्य करने लगा, अपनी माँ के स्कूल में ही जाने कितने टीचरों का खाता खोला, अच्छा खासा कमीशन मिलने लगा।

मैंने अपनी टीम में सत्येंद्र शर्मा नाम के व्यक्ति को प्रमोटर के रूप में जोड़ा, और भी कई अन्य लोगों को टीम में शामिल करने के बाद मुझे मोटीवेटर का रैंक मिला, जबकि मेरे प्रमोटर सत्येंद्र ने कुछ ही दिनों में मुझसे भी ज्यादा बिजनेस करके मोटीवेटर का रैंक हासिल कर लिया, मेरे सीनियर कौशल किशोर ने जाने क्या सोचकर सत्येंद्र शर्मा को दूसरी टीम में डाल दिया, इस बात को लेकर मेरे व कौशल जी में अनबन हो गई, मैंने सहारा इंडिया में कार्य करना बंद कर दिया, अब केवल ट्यूशन पढ़ाता। स्वयं को हमेशा व्यस्त रखना मेरी आदत थी।

निजी ज़िन्दगी में मनोरंजन के तौर पर फिल्में देखना और कॉमिक्स पढ़ना बहुत अच्छा लगता कॉमिक्स पढ़ के अपना दिल बहला लेता, साथ ही क्रिकेट का जुनून हमेशा सिर पर सवार रहता। कोई दिन बाकी न जाता कि दोस्तों के साथ क्रिकेट खेलने ना

जाए, अपनी टीम के कैप्टन के रूप में मेरी पहचान थी- सैकड़ों मैच हमारी टीम ने दूसरी टीमों के साथ खेला और जीता। मेरे हृष्ट पुष्ट शरीर का राज था कि बचपन में गणेश गंज में रहते हुए मैं प्रतिदिन अखाड़े जाता, घंटों मिट्टी में लेटा रहता, कुश्ती का खेल भी मुझे काफी पसंद है, नटखट और शरारत से भरपूर बचपन भला कौन भूल सकता है।

बचपन की एक और घटना मेरी यादों में शामिल है, शरारतपन मेरे रग रग में था, मेरी आदत थी कि प्रतिदिन शाम को घूमने जाता, वहीं रास्ते में एक अन्धा भिखारी जो शाम के समय एक गुमटी के पास खड़ा होकर तेजी से कुछ बुदबुदाता, उसके करीब से गुजरने वाले लोग भीख देकर चले जाते, कई दिनों से मेरी नजर उस भिखारी पर थी, मैंने उस भिखारी को ही अपना लक्ष्य बना रखा था। मेरा नियम था कि उस भिखारी के सामने खड़े होकर काफ़ी देर तक उसकी नकल उतारना, उसके बाद घर वापस आता मुझे मालूम था कि वह अंधा है, मेरा क्या करेगा किंतु मेरी सोच गलत निकल गई अचानक एक दिन उस भिखारी ने एक झटके में मुझे धर दबोचा, वह छोड़ने का नाम ही नहीं ले रहा था, मैं रोने लगा मेरे चीखने- चिल्लाने की आवाजें जब लोगों के कानों में पड़ी तो मिलकर सब लोगों ने बचाया, अपनी जान बचा वहां से सरपट भागा, दूसरे दिन से डर के मारे मैं उसके पास भी न गुजरता, परंतु आज सोचता हूं कि काश मेरे बचपन के दिन फिर से लौट आए- पर असंभव कभी संभव नहीं हो सकता।

बचपन गुजरने के बाद मैं जवानी की दहलीज पर कदम रख चुका था, फिर भी मुझे दुनियादारी की खास समझ न थी।

• • •

इस नासमझी के बीच मैं घर से जिद करके कमाने के लिए फिर से योजना बनाई, सपनों की नगरी मुंबई के बारे में काफ़ी कुछ सुना था, सो मुंबई को करीब से देखने की चाहत में घरवालों से इजाज़त मांगी। अनमने मन से मुझे मुंबई आने के लिए इजाज़त मिल गयी। मुंबई के लिए पहले दौरे की शुरुआत हो चुकी थी, ट्रेन पे सवार होने के बाद मेरे मन में मुंबई को लेकर हलचल सी मची हुई थी, मैं अपने विचारों में मग्न था कि अचानक मेरे कंधे पर किसी ने हाथ रखा, मैं चौंक गया और पलट कर देखा तो आश्चर्यचकित हो गया, यह अपने सलीम भाई थे, जो मेरे मोहल्ले में ही रहते हैं, क्रिकेट खेलते समय अक्सर उनसे मुलाकात हो जाती, क्योंकि घर के बगल वाली गली में भी अपनी मित्र मंडली के साथ क्रिकेट खेलता, तो वे भी बाहर बैठकर हम लोगों का तमाशा देखते रहते, सलीम भाई मुझको कुछ ज्यादा ही मानते थे।

दुआ सलाम करने के बाद उनके पूछने पर मैंने बताया कि मैं अपनी चचेरी बहन से मिलने मुंबई जा रहा हूं, यदपि मेरी चचेरी बहन की शादी मुंबई घाटकोपर में हुई थी मेरे ताऊ अर्थात बड़े चाचा की बहुत पहले मृत्यु हो चुकी है, मेरे पिताजी के अथक प्रयास से एक संपन्न परिवार में मेरी चचेरी बहन रेनू दीदी की शादी हुई, इस शादी के 2 साल बाद तक मेरे पिताजी भी मुंबई में रह चुके थे, रेनू दीदी के चचेरे ससुर एस के सरन जिनकी गिनती पवई के जाने-माने करोड़पतियों में होती थी, शादी संपन्न होने के बाद मेरे पिता से उनकी काफी घनिष्ठता हो गयी, यहां मुंबई मेरे पिताजी उनके साथ 2 साल तक रहे और उनका कारोबार संभाला जब कि सरन साहब की कोई औलाद न थी ऊपर वाले ने उनको छप्पर

फाड़कर अथाह दौलत दी, मुंबई में उनकी दो लोहे की फैक्ट्री 6 स्कूल, एक छोटा सा हॉस्पिटल "कमला हॉस्पिटल" तथा करीब 20 दुकानें और सैकड़ों फ्लैट -मकान आदि थे।

कुदरत का भी अजीब करिश्मा इतनी अथाह दौलत के बाद भी औलाद का सुख सरन साहब को नसीब ना हुआ। फिलहाल इस बात को अभी विराम देता हूं, अब अपने सलीम भाई के साथ आगे बढ़ता हूं।

मुझको अकेला मुंबई जाता देख सलीम भाई ने कहा कि पहली बार मुंबई जा रहे हो यदि कोई परेशानी हो तो मेरे पास पूना आ जाना। कुछ दिन पहले ही बजाज फैक्ट्री में सलीम भाई की नौकरी लगी थी। उनकी नौकरी क्या थी, बस कंपनी से निकलने वाली चार पहिया गाड़ी को दूसरे स्टेट में डीलर के पास पहुंचाना, उनके बारे में मुझे पहले मालूम ना था, मैंने झट उनका पता नोट कर लिया, वे अपने गंतव्य स्थान पर जाने के लिए कल्याण स्टेशन पर उतर गए और मैं मुंबई सीएसटी स्टेशन के लिये रवाना हो गया।

अब चचेरी बहन के यहां तो जाना नहीं था, वह तो मैंने सलीम भाई से बहाना बनाया था फिलहाल मुंबई सीएसटी स्टेशन उतरने के बाद मुझे नहीं मालूम था कहां जाना है, क्या करना है? मुंबई जैसे बड़े अनजान शहर में यहां की चकाचौंध में मुझे घबराहट सी महसूस होने लगी, मैं 2 दिनों तक इधर-उधर भटकता रहा, फिर डर के मारे मैंने सलीम भाई को फोन मिलाया कि मैं पूना आ रहा हूं, उन्होंने भी तुरंत मुझे बुला लिया, दूसरे दिन मैं पूना में उनके साथ था। सलीम भाई को एक गाड़ी (टेंपो ट्रैक्स) लेकर आसाम दार्जिलिंग जाना था, सो उन्होंने कहा चलो बेटा मैं तुम्हें

दार्जिलिंग घुमा देता हूं, लखनऊ घर होते हुए चलेंगे मैं तुम्हारे घर पे भी कह दूंगा।

सलीम भाई की बातें सुनकर मेरा मन गदगद हो रहा था, इससे बढ़िया और क्या हो सकता था? कार से इतना लंबा सफर मेरे तो मजे ही मजे थे। दूसरे दिन तड़के मैं सलीम भाई के साथ पूना से सफर पर निकल पड़ा, नागपुर, इंदौर, अमरावती जाने कहां-कहां से हो के मेरी गाड़ी गुजर रही थी, सलीम भाई बीच-बीच में कार के पीछे सवारियाँ भी बैठाते जा रहे थे, रास्ते में सवारियों के जरिए हम लोगों का ऊपरी खर्चा निकल रहा था, सो मैं भी बीच-बीच में सलीम भाई की मदद करता- मैं हर जगह से कुछ न कुछ सामान यादगार के रूप में खरीदता जा रहा था।

दूसरे दिन 22 घंटे के सफर के बाद मैं लखनऊ अपने घर पहुंच चुका था, वहां तीन-चार घंटे विश्राम किया, पिताजी से अनुमति लेकर पुन: सलीम भाई के साथ दार्जिलिंग के लिए निकल पड़ा मेरी बचकाना हरकतें देख के सलीम भाई को भी मजा आ रहा था, जाने कितनी चीजें उन्होंने रास्ते में मुझे दिलवाईं दूसरे दिन दोपहर तक हम लोग सिलीगुड़ी पहुंच गये, वहां हांगकांग मार्केट के पास पहुंचकर एक शोरूम पर सलीम भाई ने गाड़ी दिया, फिर लौट कर हम लोगों ने एक अच्छे होटल में खाना खाया उसके बाद उन्होंने जलपाईगुड़ी से मुझे एक ट्रेन में लखनऊ के लिए बिठाया और स्वयं पूना के लिए रवाना हो गए, सारे खर्चे सलीम भाई ने ही वहन किया था, मेरी जेब से एक रुपया भी खर्चा नहीं हुआ, इस तरह मेरी यह यात्रा एक यादगार सफर बनकर हमेशा के लिए मेरे मस्तिष्क पटल पर सृजित हो के रह गई।

इधर घर में फिर से सब कुछ अच्छा चल रहा था, बस बहन की तबीयत कुछ अच्छी नहीं रहती, अक्सर चक्कर आना सिर में दर्द आदि की बीमारी उनको घेरे रहती, जाने कितनी बार मैं उनको लेकर डॉक्टर के पास गया, बहुत इलाज कराया तब जाकर उनकी बीमारी ठीक हुई। मुंबई से लौटने के बाद मेरा मन जाने क्यों विचलित रहता। मुंबई से डर तो लगा था फिर भी इस शहर को करीब से देखने समझने की इच्छा मेरे अन्दर जाग्रत हुई, लेकिन घर में मुंबई जाने को लेकर मनाही हो गई, मेरा मन घबरा रहा था जैसे मुंबई मुझे बुला रही हो। मैं रोज मुंह लटकाये बैठा रहता। शायद मेरे घरवाले मुझे दुखी देखकर मुंबई जाने की इजाज़त दे दें, मैं अपने अभिनय में सफल हो गया।

आखिरकार घर से मुझको इजाजत मिल ही गई, मैंने लखनऊ से मुंबई का टिकट करवा लिया था, घर से मुझे हजार रुपए मिले थे जो मेरे लिए बहुत थे। बहुत आराम से सफर तय करने के बाद पुष्पक एक्सप्रेस से पुन: मुंबई पहुंच चुका था। मुझे लक्ष्य का पता नहीं था, कहां जाना है मेरी मंजिल कहां कुछ अता-पता नहीं। सुबह सुलभ-कंपलेक्स में नहा-धोकर घूमने निकल जाना, फिर खा पीकर स्टेशन पर सो जाना, ये मेरा नियम बन चुका था, मुझे कोई चिंता नहीं थी बहुत आराम से दिन काटता जा रहा था। लेकिन एक दिन मेरे आराम का अंत हुआ।

मेरी चिंता तब बढ़ गयी, जब मेरे जेब में मात्र डेढ़ सौ रुपए बचे, साठ रुपए में एक दिन और गुजर गया, मात्र 90 रुपए बचने के बाद मुझे और घबराहट होने लगी। ताज होटल के पास समुद्र किनारे बैठा सोच रहा था कि क्या आत्महत्या कर लूं जिसका कोई

मकसद न हो उसका भला जीने से क्या फायदा, आत्महत्या का पूरा मन बना लिया था- " इस दुनिया से होके मजबूर चला मैं बहुत दूर" ये सोचते हुए मैं दरिया के आसपास जगह खोज रहा था, कि कहां से मौत की शुरुआत करूं? काफी देर तक तय नहीं कर पाया मेरा सफर अभी रुका था, मरने के पहले मैं घर वालों को एक-एक करके याद कर रहा था, बस यही मेरी गलती थी या मेरा सही कदम मुझे नहीं मालूम- मेरी आत्मा ने मुझे धिक्कारा कि मैं कितना बुजदिल कायर हूं जो मुसीबत का सामना नहीं कर सकते परिवार को अपने बिछड़ने का गम, उनको रोते बिलखते छोड़ देना क्या यही मकसद है, जिंदगी का। मेरी आत्मा ने मुझे झकझोरा।

बस फिर क्या था मैंने आत्महत्या का गलत विचार त्याग दिया और बुझे मन से मुंबई सीएसटी स्टेशन वापस लौट आया, रात भर मैं सोचता रहा कि क्या करूं क्या नहीं, हार के घर लौटना भी मेरे लिए एक कायरता थी, जिंदगी की उधेड़बुन में परेशान दादर स्टेशन पर बैठा था। मुंबई की भाग- दौड़ और आते-जाते लोगों को बहुत ध्यान से देख रहा था, अचानक एक अनजान व्यक्ति मेरे करीब आ के बैठा गया, वह शायद मुझ को समझने की कोशिश कर रहा था। कुछ देर बाद मेरी शांत मुद्रा भंग करते हुए उस शख्स ने पूछा? क्या हुआ बेटा बहुत परेशान हो, कुछ काम की तलाश है क्या?

उस अनजान शख्स की बात सुनकर मेरे दिल में खुशी सी छा गई, मुझे तो काम चाहिए था क्योंकि अब भूखों मरने की नौबत आ चुकी थी, डूबते को तिनके का सहारा मिल गया मैंने तुरंत हामी भरते हुए कहा "हां अंकल मुझे काम चाहिए कहीं भी कुछ काम

दिलवा दीजिए" कुछ देर तक वह शख्स खामोश रहा फिर मेरा पता पूछा, स्वयं को लखनऊ का बताने पर उस शख्स ने हंसते हुए खुद को भी लखनऊ का निवासी बताया वह अमीनाबाद का रहने वाला था। बस फिर क्या था मुझे विश्वास हो गया कि यही कान्हा मुझ सुदामा का बेड़ा पार करेगा। कुछ पल बाद उसने मेरे को चाय पिलाया और सांत्वना दी कि मैं आज ही तुम्हारा कार्ड बनवा देता हूं, भायंदर में स्टील फैक्ट्री है वही काम करना है।

अगले ही पल उसने कार्ड बनवाने के नाम पर उसने मुझसे सात सौ रुपए मांगे, जिसे सुनकर मैं मायूस हो गया क्योंकि मेरे पास पैसे नहीं थे, तीस रुपए जो मेरे पास अलग थे, और 50 का नोट अलग सो मैंने पचास रुपए दिखाते हुए कहा कि केवल यही पैसा मेरे पास बचा है, यह सुनते ही वह अपने स्थान से उठ खड़ा हुआ और कहा कि तब तो मुश्किल है, क्योंकि बिना कार्ड कुछ नहीं हो सकता वह शख्स जिसका नाम महेंद्र सिंह था। मुझे सपने दिखाकर वहां से जाने लगा, इधर उसके एक कदम मात्र बढ़ाने से मुझे लग रहा था कि मेरे प्राण निकलने वाले हैं, मैंने झट अपने बैग में झांका, और फिर आवाज दी, अंकल! प्लीज दो मिनट सुनिए मेरी आवाज सुनकर वह शख्स फिर पलटा और मेरे करीब आकर खड़ा हो गया।

मैंने बैग से अपनी माँ का पायल और घड़ी निकाल उसके हाथों में थमाते हुए कहा, अब आप इस से काम चला लीजिए, इसको बेच कर पैसे मिल ही जाएंगे, मेरा कार्ड आज ही बनवा दीजिए। मेरी बात सुनकर महेंद्र बाबू ने घड़ी और पायल लेकर कहा चलो ठीक है कोशिश करता हूं। तत्पश्चात उसने हमको दादर में एक

बस स्टॉप पर बिठा दिया और एक बिल्डिंग की ओर इशारा करते हुए कहा मैं थोड़ी देर में यहीं आता हूं, तुम्हारे लिए बात करने जा रहा हूं, मैं निश्चिंत होकर वहीं बस स्टॉप पर बैठ गया और अपने कान्हा की बाट जोहने लगा। आधा घंटा, फिर एक घंटा, दो घंटा, फिर तीन घंटा बीत चुका था, मगर वह कम्बख्त नहीं लौटा, वह शक्स मुझे चूना लगा उस बिल्डिंग के पीछे रास्ते से कहीं निकल चुका था। मेरा दिल इस बात को मानने के लिए कतई तैयार नहीं कि मेरे शहर का आदमी भी इस कदर दगा देगा, अपनी तसल्ली के लिए मैं और दो घंटे रुका, परंतु कोई फायदा नहीं, स्थिति पूर्ण रूप से हमारे विपरीत थी, अब 30 रुपए से मुंबई का सामना करना था, मैंने गम के आंसू अपनी आंखों में ही छुपा रखे थे, परंतु दिल अंदर से रो रहा था। फिलहाल सुबह से मैंने केवल चाय पिया था, अब भूख जोरों से लग रही थी, मैंने एक वड़ापाव खाया और चाय पीया फिर ट्रेन पकड़कर सीएसटी वापस अपने पुराने अड्डे पर पहुंच गया।

उस दिन एक वड़ापाव खाके रात गुज़ारी, फिर दूसरा दिन भी चाय वड़ापाव खाके बीत गया, जबकि तीसरा दिन मुझे चाय के सहारे निकालना पड़ा और अब मात्र 2 रुपए ही बचे थे। मुझे कुछ समझ नहीं आ रहा था कि मैं क्या करूं। मैंने कभी किसी के आगे काम के लिए हाथ नहीं पसारा था, रह-रह के घर की याद सता रही थी, ऊपर से जोरों की भूख से तड़प रहा था, किसी से मांग कर खा भी नहीं सकता क्योंकि ऐसा करता तो मेरे व भिखारी में क्या अन्तर होता? ऐसी बातें मेरे मन में आ रही थी, सो मैं डरा सहमा वहीं स्टेशन पर पड़ा रहा। शाम का वक्त हो चुका था, मैंने

हिम्मत करके एक रुपए की चाय पी, उस समय स्टेशन पर चाय की कीमत मात्र एक रुपए थी, चाय पीने के बाद थोड़ा घूमा - फिरा फिर स्टेशन लौट आया। एक रुपया मैंने दूसरे दिन के लिए बचा के रखा था।

मुझे हल्की- हल्की नींद आनी शुरू हो चुकी थी, टेंशन में यह सोचकर सो गया कि कल सुबह किसी लोकल ट्रेन में बैठूंगा जहां किस्मत ले जाएगी चला जाऊंगा यह सोचते- सोचते मैं नींद के आगोश में चला गया। सुबह जागने पर बिना हाथ- मुंह धोए लोकल ट्रेन में एक सीट पर जाकर बैठ गया, वह बांद्रा के लिए लोकल ट्रेन थी, बिना टिकट कुछ देर बाद मैं बांद्रा स्टेशन पर था, मैंने सोच लिया था कि बाहर किसी होटल पर काम मांगा जाए, शायद मिल जाए। किसी के पास जाके काम मांगना मेरी ज़िन्दगी का पहला अनुभव था।

अभी तक मैंने चाय भी न पिया था सोचा काम मिलने के बाद पी लूंगा। क्योंकि मात्र 1 रुपये ही मेरी पाकिट में बचे थे। बांद्रा (पश्चिम) से बाहर निकलकर थोड़ी दूरी पर लकी रेस्टोरेंट में काम मांगा नहीं मिला फिर उसी होटल के सामने सब रंग रेस्टोरेंट में काम के लिये पूछा तो उसने कहा सेठ 1:30 बजे आएगा तब आना, यह सुनकर मुझे तसल्ली हुई मुझे लगा कि यहां जरूर काम मिलेगा, सो मैं वापस स्टेशन पर आके बैठ गया, मुझे रह रहकर हल्का चक्कर भी आ रहा था, फिर भी क्या कर सकता था सिवाय इंतजार के, मुझे 1:30 बजे की प्रतीक्षा थी। लेकिन उस वक्त घड़ी की सुइयों की रफ़्तार भी कुछ धीमी लग रही थी। मैं बार-बार नल से पानी पीकर हाथ मुंह धुल के वापस आके बैठ जाता।

अंततः मेरे परीक्षा का समय समाप्त हो गया, घड़ी ने एक बजा दिए थे, मैं खुशी में जाके उस एक रुपए का भी अंत कर दिया, और चाय पीकर लगभग 1:30 बजे होटल सबरंग जा पहुंचा वहां सेठ आ चुका था, लेकिन मुझे गहरा झटका लगा जब सेठ ने काम पर रखने के लिये मना कर दिया- बोला अभी स्टाफ फुल है एक हफ़्ते बाद आना, शायद कोई स्टाफ गांव जाएगा तो तुम्हें रखूंगा। सेठ की बातें सुनकर मुझ पे तो मानो मुसीबत का पहाड़ टूट पड़ा, शरीर शिथिल सा होने लगा, उस वक़्त मेरे चारों ओर अंधकार सा छाया था, आज भी उस दिन की कल्पना करके सिहर उठता हूं।

फ़िलहाल मेरी कहानी आगे बढ़ती है, उस मनहूस घड़ी खुद को भगवान भरोसे छोड़ मैं वापस बांद्रा स्टेशन की ओर वापस आने लगा, तभी मुझे एक छोटा सा होटल "प्रीतम होटल" दिखाई दिया, दीन- हीन हालत में वहां के मैनेजर से मैंने काम मांगा, वह मैनेजर कुछ देर तक वह मुझे ध्यान से देखता रहा फिर बोला की मोहरी में जगह खाली है, करोगे? मुझ नासमझ को नहीं मालूम था बंबईया भाषा में मोहरी का क्या अर्थ है, मैंने तुरंत हामी भर दी, मेरी हालत देखकर उसने कहा जाओ पहले खाना खा लो, फिर काम पर लगना।

होटल का एक स्टाफ मुझे पीछे की ओर ले गया और खाने की ओर इशारा करते हुए कहा कि जितना खाना हो खा लो, बस फिर क्या था, प्लेट उठाकर मैं टूट पड़ा खाने पर, पिछले चार दिनों से नाराज अन्न देवता ने मुझ भूखे की क्षुधा शांत कर दी, , भर -भर के खाना खाया- पानी पिया फिर डकार लेकर अपने पेट पर हाथ फेरने लगा, भूख से व्याकुल मेरी आत्मा अब शांत थी। परंतु मुझे

मालूम न था कि आज मेरे लाइफ की एक नई कहानी शुरू होने वाली है। मैं खाना खाकर एक ओर बैठा था कि उस होटल का एक पुराना वेटर गणेश आया और मुझसे बोला "चल छोटू मोहरी में चल" उसकी आवाज सुन मैं उठ खड़ा हुआ और उसके पीछे चल दिया होटल में किचन के पीछे बर्तन धोने का स्थान था। बर्तनों का पूरा ढेर लगा था, काफ़ी देर तक मैं असमंजस में था। किंतु कुछ ही पल में तक मुझे मोहरी का अर्थ मालूम हो गया, मेरी लाइफ के पहले अध्याय की शुरुआत इतनी जबरदस्त होगी इसका मुझे पता न था।

मेरे घर के अंदर पूरी लाइफ में मेरी माँ- बहन ने इतने बर्तन नहीं धोए होंगे, जो आज मेरी आंखों के सामने पहाड़ की तरह दिख रहे थे। मुझे याद आने लगा कि गणेशगंज मकान में बर्तन धोने के लिए महरी अलग आती थी, तो खाना बनाने वाली महराजिन के हाथों बना खाना हम लोग खाते। ऐसे ठाठबाट से जीने वाला मासूम आज दूसरों के जूठे प्लेट धोने के लिए तैयार खड़ा था।

मेरी आत्मा मुझे अंदर से धिक्कार रही थी इतने अच्छे घर का पढ़ा लिखा होकर भी ऐसा काम करने जा रहा है। मैंने अपनी आत्मा को झकझोरा और मन ही मन सवाल किया- वक्त और हालात से समझौता करने में क्या बुराई है, जवाब मिला कोई बुराई नहीं फिर दूसरा प्रश्न था कि यदि मैं आत्महत्या कर लेता तो क्या होता मेरा तो अस्तित्व ही खत्म हो गया होता। इन्हीं सवालों के उथल पुथल के बीच गणेश ने घूरा- " क्या बे छोटू क्या सोच रहा है, जल्दी कर कस्टमर का टाइम है, मोहरी जल्दी से खाली कर। "

अब मेरे पास न कोई सवाल था, न कोई जवाब, बस शर्ट उतार के जुट गया काम पर मेरे आंसुओं की बूंदें पानी में मिश्रित

हो बर्तनों को धुल रही थीं, उसी दिन मैंने यह प्रण कर लिया था कि अब "जीना यहां मरना यहां, इसके सिवा जाना कहां" । अब कोई टेंशन नहीं था, क्योंकि मुझे जीने का तरीका धीरे- धीरे मालूम हो रहा था। तीन-चार दिन में मैं ट्रेंड हो चुका था, अब मुझे यह काम बहुत आसान लगने लगा, बर्तन घिसते- घिसते करीब 17 दिन गुजर चुके थे, और उस दिन मैं होटल के पीछे वहां ड्यूटी कर रहे वॉचमैन को अपने सर्टिफिकेट दिखा रहा था, अपनी आपबीती सुना रहा था, इसी बीच होटल का मैनेजर पुरेन्दर शेट्टी अचानक मेरे पास आकर खड़ा हो गया उसने मेरे मार्कशीट सर्टिफिकेट आदि देख लिए थे, उसे बड़ा अफ़सोस हुआ - उसका हृदय आत्मग्लानि से भर गया।

ऐसा क्यों हुआ मुझे नहीं मालूम मुंबई में हजारों लोग रोज इसी तरह आते हैं, पढ़े लिखे और अनपढ़ भी सभी तरह के लोग ऐसे होटलों में काम करते हैं पर मेरी खुशनसीबी थी कि मैनेजर ने मुझे मोहरी से हटा के बाहर टेबल का काम सौंप दिया, मेरा प्रमोशन हो चुका था, काम बस यही था टेबल साफ करना बाहर पेट्रोल पंप, बेकरी व अन्य कई दुकानों पर होटल से चाय पहुंचाना- यही सब काम था, पहले मोहरी में 800 रुपए महीना था परंतु अब 1000 रुपए महीना व बाहरी कमाई अलग, मैं सारे पैसे इकट्ठा कर रहा था।

चार महीने से ऊपर गुजर चुके थे, मुझे घर की बहुत याद सता रही थी, मैनेजर से घर जाने की मैंने इजाजत मांगी, उसने एक हफ्ते बाद मुझे छोड़ दिया। पांच महीने बाद मैं अपने घर वापस आया था घर वालों के लिए कुछ न कुछ उपहार व मिठाई

आदि लेकर आया था, पैसे भरपूर थे हमारे पास लेकिन मेरे पैसों से किसी का कोई लेना- देना, मुझ को सही सलामत देख सबको संतोष था। मैंने डर के मारे यह किसी को नहीं बताया था कि मैं मुंबई में कैसी जिंदगी बिता कर आया किसी को कुछ भी नहीं बताया, बल्कि यह कहा कि मुझे एक मार्केटिंग कंपनी में जोब मिल गया।

मेरे उत्तर से घरवाले संतुष्ट न थे, घर पर कुछ दिन तक रुकने के बाद फिर मुंबई की याद सताने लगी। इसी बीच में अपने चाचा के घर गया था, मुंबई के बारे में अपनी चाची से बातें करते हुए, यहां की चकाचौंध के बारे में बखान कर रहा था, तभी मेरी चाची ने मेरे बुआ के लड़के के बारे में बताया कि राजन (बुआ का लड़का) भी वहीं मुंबई में है। दो दिन पहले ही चिट्ठी आई थी, उनका पता लगाने के उद्देश्य से चाची ने वह चिट्ठी लाकर मेरे सामने रख दिया, जिसमें जुहू दक्षिणा पार्क पते से चिट्ठी आई थी।

मैंने तुरंत वह पता नोट कर लिया और चाची से कहा कि जब मुंबई जाऊंगा तो राजन भाई से मिलकर आऊंगा। कुछ दिन और बीतने पर मैं पुनः घर वालों की रजामंदी से मुंबई जाने के लिए तैयार हो गया। अब मुंबई में डर नहीं था क्योंकि मैंने अपना ठिकाना ढूंढ लिया था- होटल जहां रहना खाना और पैसा तीनों जरूरतें पूरी हो जाती है तो अब कैसा डर? दूसरे दिन मैं घर से मुंबई के लिए निकल गया।

मुंबई पहुंच कर सीधा अपने पुराने अड्डे होटल प्रीतम चला आया। मुझे दोबारा वापस आया देखकर मैनेजर व स्टाफ बहुत

खुश थे, यद्यपि सबसे अलग व्यवहार- बातचीत करने वाला शख्स मैं ही था। मेरे लिये खुशखबरी यह थी कि इस बार मुझे होटल पर चाय पहुंचाने नहीं जाना था न ही टेबल साफ करना, कप प्लेट उठाना यह सब काम से छुटकारा मिल गया था, एक वेटर के चले जाने के कारण उसकी जगह खाली थी, तो मैनेजर ने जो कि मुझे बहुत मानता था मुझसे पूछकर उसने वेटर की नौकरी दे दी, अब इससे बढ़िया उस समय और क्या हो सकता था, रोज का ढाई- तीन सौ रुपए ऊपर से पगार 1200 और क्या चाहिए था, मैं तन मन से अपने काम में जुट गया।

मेरे होटल में प्रतिदिन कोई न कोई फिल्म लाइन से जुड़ा व्यक्ति जरूर आता था, मैं अक्सर उन लोगों की बातें सुना करता था। शाम को बांद्रा स्टेशन के बाहर स्ट्रगलर लोगों का जमावड़ा देखने को मिलता, इसमें छोटे-मोटे डायरेक्टर आर्टिस्ट कैमरामैन से लेकर फाइटर आदि सभी लोग शामिल रहते, बात ही बात में फिल्म बजट से शुरू होकर शूटिंग तक हो जाती, बस रिलीज करने वाला कोई नहीं होता, इन सब के बारे में जानकारी मुझे बाद में हुई। मेरे मन में छटपटाहट थी कि कुछ साइट वर्क भी करूं क्योंकि 3:00 बजे तक मैं खाली रहता, यही सोचकर मैंने पार्ट टाईम आय के लिये सिगमा मार्केटिंग कंपनी (गोरेगांव) ज्वाइन कर लिया। वहां से सामान जैसे बॉडी मसाज, फिनायल, सर्फ़ आदि होटल पे लाके आस पास बेच देता।

इसी बीच होटल में काम करते समय शाम के समय मैं कस्टमर सर्विस करने के बाद खड़ा था, मेरे पास वाले टेबल पर एक आदमी किसी दूसरे को गाना- बना- बना कर बता रहा था,

उस गाने पर धुन को लेकर दोनों में डिस्कशन चल रहा था, मेरा पूरा ध्यान उन दोनों की ओर केंद्रित था। उसमें एक शख्स से आखिर मैंने पूछ ही लिया- " सर आप लोग फिल्म लाइन के हैं क्या?" मेरी बात सुन कर वह आदमी हंसा और बोला हां मैं विनय अरोड़ा एक डायरेक्टर हूं, और यह संजय जी राइटर मेरी फिल्म लिख रहे हैं।

उनकी बातें सुनकर मेरी जिज्ञासा बढ़ गई, मैंने पूछा? सर अभी कौन सी फिल्म बना रहे हैं, जवाब में डायरेक्टर साहब ने फिल्म का नाम "आशिक वही कातिल वही" बताया, इतने दिनों में जाने कितने फिल्म लाइन के लोग आकर होटल में चाय पानी कर चुके थे लेकिन मैंने कभी किसी का इंटरव्यू नहीं लिया था, पहली बार विनय अरोड़ा जी से इतनी बातें की। और फिर उस रात—

मेरी आंखों से नींद गायब थी सारी रात करवटें बदलता सोचता रहा कि वह आदमी गाना बना बना के सुना रहा था सो मैंने सोचा कि क्या मैं नहीं लिख सकता, मैं अपने दिमाग पे जोर डालने लगा, अपने बचपन की यादों में खो गया, जब मेरी माँ ने बताया कि भगवान ही सबसे बड़ा है संसार में, तुम रोज प्रार्थना करो पूजा करो- हाथ जोड़ो सब अच्छा होगा- माँ सरस्वती की पूजा करने से ज्ञान बढ़ता है, बुद्धि तेज होती है। माँ की बातें सुनकर दूसरे दिन मैं अपनी बहन के साथ सरस्वती चालीसा, फोटो- फूल माला- आदि खरीद के लाया और आसन बिछा के उनकी पूजा करने लगा अब मेरा रोज का नियम बन गया था, सुबह जल्दी उठ नहा- धो के तैयार हो पूजा में जुट जाना, उन्हीं माँ सरस्वती की आराधना करते हुए मैं कब सो गया पता ही न चला।

दूसरे दिन होटल पर मेरे हाथों में पेन था, और क्यूटी बुक (आर्डर लेने वाली छोटी बुक) दोनों चीजें हाथ में लिए खड़ा था- उस समय होटल खाली था, केवल दो कस्टमर बैठे थे, वह भी दूसरे वेटर की टेबल पर। इधर मैं खड़ा कुछ सोच रहा था, ठीक उसी समय मेरे दिमाग में एक शायरी आई-

"दिल के आईने में, बसा ले मुझको आशिक

वरना वक्त का, जनाजा निकल जाएगा

अब तो सीने से, लगा ले मुझको आशिक

वरना गैरों की बाहों में, दम निकल जाएगा।''

यह सोचकर मैं पागल सा हो उठा, ये मेरी पहली रचना थी- मैंने तुरंत क्यूटी बुक में वह शायरी लिख लिया- इसके बाद कुछ न कुछ दिमाग में आता रहा- उल्टा सीधा- अच्छा बुरा जो मन में आता लिख लेता दूसरे दिन है। मैं एक छोटी सी नोटबुक ले आया उसमें कुछ न कुछ लिखता रहता।

कुछ दिन बाद मुझे अपने भाई (बुआ के लड़के) राजन की याद आई, मिलने के उद्देश्य से मैं जुहु गया। जुहु- A14- - दक्षिणा पार्क में मैंने कदम रख दिया। पहली बार मुंबई के किसी फ्लैट में किसी अपने से मिलने गया था, दरवाजे से बाहर लगी कॉल बेल बजाते हुए मुझे डर सा लग रहा था, फिर भी डरते -डरते मैंने दरवाजे के बाहर लगी घंटी बजा ही दिया, जाने क्यों डर के मारे पसीना आ रहा था, कुछ ही पल में दरवाजा खुला और मेरे सामने दो खूबसूरत लड़कियां आकर खड़ी हो गईं, हम दोनों एक दूसरे को

कुछ देर देखते रहे, फिर उनमें से एक लड़की ने पूछा कि आपको किससे मिलना है? मैंने जवाब में कहा मैं राजन भैया से मिलने आया हूं, वो कहां हैं? उनका पता यहीं का है। मेरी बातें सुनकर वे दोनों हल्का मुस्कुरा के बोलीं ओह! राजन तुम्हारे भाई हैं, अंदर आ जाओ इतना कहके वे अपने साथ घर के भीतर ले गईं और मुझे एक ओर सोफे पर बैठने का संकेत दिया। फ्रिज का ठंडा पानी पिलाने के बाद उन देवियों ने पूछा आप क्या करते हैं।

मैंने जवाब में उनको बता दिया कि होटल पे काम कर रहा हूं। साथ ही लेखक बनने की कोशिश भी जारी है। लेखक नाम सुनकर उन दोनों को हंसी आ गई और वह बोलीं- अरे बाप रे- राइटर उनकी हंसी से मैं झेंप रहा था फिर भी खुद को संभालकर चुपचाप बैठा रहा। उनमें से एक लड़की जिसने अपना नाम उपमा और दूसरी ने प्रियंका बताया, उन लोगों ने मेरा पूरा बायोडाटा ले ही लिया था।

मेरे भाई राजन के बारे में उन्होंने बताया कि वह अपने घर बनारस चले गए हैं, अब शायद यहां पर आएंगे भी नहीं, क्योंकि मामा जी ने यहां आने को मना कर दिया। मैंने आश्चर्य से पूछा क्यों ऐसा क्या कर दिया राजन भाई ने? और आपके मामा जी कौन हैं? जवाब में उन लोगों ने ये कहा कि उनके मामा, उषा मंगेशकर जी और महेंद्र कपूर जी के सेक्रेटरी रह चुके हैं, खुद भी एक गायक के रूप में महान अभिनेता जीतेंद्र और जयाप्रदा जी की एक फिल्म- सपनों का मंदिर- में मामाजी ने गाना गाया है तो मेरी आंखें आश्चर्य से फटी रह गईं, मुझे विश्वास ही नहीं हो रहा था कि मैं इतने महान व्यक्ति के घर बैठा हूं।

. . .

उपमा ने यह बताया कि मामा जी ने आपके भाई को इसलिए हटा दिया कि वह जबरदस्ती किशोर कुमार बनना चाहते हैं, फिल्म लाइन का इतना भूत सवार की उल्टी-सीधी हरकतें करने लगे, कहीं उसको साथ ले जाना भी अपमान सा लगता, सो मामा जी ने उनको निकाल दिया। फिलहाल आपको भी मामाजी से मिलना हो तो अगले महीने फलां तारीख को आ जाइएगा। अपना न्योता सुनकर मैं हंसी खुशी वहां से उठा और नमस्कार करके वापस चला आया, यह सब मुझे सपना सा लग रहा था।

मैं मामाजी और उपमा प्रियंका के बारे में सोच रहा था, उस रात मैंने अपनी लाइफ की पहली कविता लिखी-

"दिल के कागज पर मैंने-

देखी जब से तेरी छवि:

धीरे-धीरे मैं बन गया एक कवि-

गर मैं कवि हूं तो तुम हो मेरी कल्पना-

दिल के कागज पर बसाते दोनों घर अपना-

दिल के हर पन्नों पे तेरा नाम है साथी

इसके हर नज़्मों से तेरी आवाज है आती-

मुझे खुद समझ नहीं आ रहा था मैं क्या लिख रहा हूं क्या नहीं, यह सही है या गलत- बस लिखता जा रहा था।

दो दिन बाद अचानक विनय अरोड़ा जी फिर मेरे होटल आए तो मैंने उनको उपरोक्त कविता दिखाई, जिसे पढ़कर वह मेरा चेहरा

ताकने लगे, और कहा- तुम तो बहुत अच्छा लिखते हो- मैं इस कविता को पेपर में छपवा देता हूं, उन्होंने पैसे भी नहीं लिए थे, एक न्यूज पेपर उन्होंने थोड़ा इसमें बदलाव करके छपवा दिया, इसके बाद मैंने कई गजलें लिखीं उदाहरण स्वरूप -

दिल ना यूं तोड़ सनम,

मुझसे नजरें मिला तो ले,

चुपके चुपके करीब आ जा-

अपने चेहरे को सनम

आइना दिखा तो ले

चुपके चुपके करीब आ जा-

2) लग गए दाग जो दामन पे छुड़ाऊं कैसे

दिल में बसी याद उनकी भुलाऊं कैसे

मेरे लब पे तो उनका ही नाम आता है-

इन लोगों से उनका नाम हटाऊं कैसे-

यह सब लिखते- लिखते मेरे दिल से धुन भी निकलने लगी- मामा जी के आने से पहले मैंने करीब 30 के ऊपर गाने गजल आदि लिख कर तैयार कर लिए थे। आखिर वह दिन भी आ पहुंचा जब मैं जुहू मामा जी से मिलने के लिए निकला- मैंने एक दुकान से मिठाइयां खरीदीं, खुशी मन से वहां पहुंचने पर पहले उपमा के दर्शन हुए, उसने इशारा करके मुझे बताया वह मामाजी

हैं, मेरे लिए यह बहुत भाग्य का विषय था कि उस दिन महान संगीतकार स्वर्गीय रविंद्र जैन जी सहित 10 -12 और लोग थे, वहां हारमोनियम पर कुछ कार्यक्रम चल रहा था, मैं भी दुबक कर एक कोने में बैठ गया, मामा जी व रविंद्र जैन जी का चरण स्पर्श करने के बाद मैं भी संगीत का आनंद लेने लगा और 2 घंटे बाद कार्यक्रम के समापन होने पर जब सभी लोग चले गए सिर्फ मैं अकेला बैठा इधर- उधर देख रहा था, तो मामा जी ने मुझे पास बुलाया फिर से नाम पता और काम आदि पूछने के बाद बोला- बेटा- तुम 10 दिन बाद आओ फिर देखता हूं तुम्हारा क्या जलवा है उनकी बातें सुनकर मैंने हां में सिर हिलाते हुए कहा ठीक है अंकल -बस अपना हाथ रख दीजिए, बहुत कुछ सीखना है आपसे इन्हीं बातों के बीच मैंने मिठाई का डिब्बा मामाजी की ओर बढ़ा दिया।

तत्पश्चात मामा जी के घर से बाहर निकल के मुझे बहुत गर्व हो रहा था, होटल वापस आने के बाद मैं अगले दस दिनों का इन्तज़ार कर रहा था, कैसे फिर उपमा के घर जाऊं। अंततः 10 दिन बाद मामा जी के सामने बैठा था, वे डाइनिंग टेबल पर खाना खा रहे थे, और मैं चाय की चुस्कियां लेने में मग्न- तभी उन्होंने अचानक तेज आवाज में बोला- सुनाओ क्या लिखा है, मामाजी की आवाज सुनकर पहले मैं घबरा सा गया फिर संभाल कर बोला जी अंकल सुनाता हूं, इसके बाद जो मन में आया उनको सुनाता गया, तब उन्होंने कहा बांद्रा में रहते हो- बांद्रा पर गाना लिखो- यह सुन मैं एकदम सकपका गया- बांद्रा पे क्या सुनाऊं? लेकिन ईश्वरीय देन- ऊपर वाले की कृपा से मैंने दो मिनट में धुन सहित बांद्रा पर गाना गा के सुना दिया --

"गोरी धीरे-धीरे चली क्यूं बांद्रा,

पहने ऊपर चोली नीचे घाघरा

बड़े नटखट हैं लोग बांद्रा के

चलना दिल को जरा संभाल के"

मुझे खुद पर विश्वास नहीं था कि मैंने यह कैसे सुना दिया यह मेरे अंतरात्मा की आवाज थी, जो मैंने महसूस किया मामाजी सहित उपमा- प्रियंका- और नौकर- चाकर सब मुझे ध्यान से देख रहे थे- कुछ ही पल में मामा जी का खाना समाप्त हो चुका था। उठते ही उन्होंने मेरी पीठ थपथपाई और कहा थोड़ा मेहनत करो आगे निकल जाओगे, इतना कहते-कहते मामा जी ने कुछ और धुन सुनाया, मुझसे इस धुन पर गाना सुनाने को कहा, मैंने वह भी सुना दिया- मैं मामाजी की परीक्षा में पास हो चुका था। वहां से निकलने के पहले उनका आशीर्वाद लिया, मामाजी के घर के दरवाजे अब हमारे लिये हमेशा के लिये खुल चुके थे।

इससे अच्छा भला और क्या हो सकता था, मुझे एक पथ प्रदर्शक मिल चुका था। अब हर तीन-चार दिन में मेरा मामा जी के यहां आना-जाना शुरू हो गया था। बहुत कुछ मामाजी से सीखने को मिला, कुछ महीनों बाद होटल में काम करने के पश्चात पुन: मैं लखनऊ अपने घर गया, और कुछ ही दिनों में वापस मुंबई भी आ गया। इस बार कुछ दिन होटल पे काम करता रहा और मामा जी के यहां भी मेरा आना जाना शुरू हो गया था। इक दिन मामा जी ने मुझसे कहा कि होटल पे मेरा काम करना उन्हें अच्छा नहीं

लगता सो उन्होंने अपने परिवार में एक सदस्य की भांति रहने की इजाज़त दे दी।

बिन मांगे मोती मिले-

मांगे मिले न भीख-

यह कहावत मुझ पर चरितार्थ हो रही थी।

मुझे खुशियों का खजाना मिल चुका था। मामा जी मुझ पे इतने मेहरबान हो जाएंगे कभी सपने में भी न सोचा था, वैसे मुझ को मानने की उनकी खास वजह मेरी जाति थी- मामाजी की दोनों भांजी उपमा व प्रियंका फिल्मों व सीरियल्स में काम करतीं जबकि उपमा एक मॉडल भी थी, मामा जी की निजी ज़िन्दगी के बारे में बस यही पता चला कि वो अविवाहित थे।

कुछ दिन पश्चात होटल से काम छोड़ने के बाद मैं अपना बोरिया- बिस्तर लेकर मामा जी के घर पहुंच गया। और वहां एक परिवार के सदस्य की तरह रहना शुरू कर दिया, कुछ ही दिनों में उपमा का छोटा भाई इंद्रनील भी आ चुका था, जो मेरा हमउम्र था। हमारा उससे बहुत मेलजोल था- ऐशो आराम से मेरे दिन कट रहे थे। मामाजी के यहां रहते हुए मेरा काम, उपमा के साथ शूट पर जाना, स्वयं मामा जी के साथ बाहर जाना या उनके कार्य से किसी आफ़िस जाना, कहीं भी जाता तो मामा का भतीजा बनकर। रेलवे विभाग में बड़े से बड़े अधिकारियों के पास अक्सर जाना पड़ता, क्योंकि अक्सर रिजर्वेशन के लिए मामाजी मुझे ही भेजते, डीआरएम, एसीएम, डीसीएम सभी लोग मुझे अच्छी तरह पहचानते थे।

इसी बीच मामा जी के यहां आने वाला शख्स किशोर दुबे जिसने मुझे एक प्रोड्यूसर से मिलवाया जिनको विंग्स ऑडियो कंपनी के माध्यम से एक कैसेट रिलीज करना था "मां का आंचल" शीर्षक ऑडियो एल्बम के लिए उभरते गायक अरविंदर सिंह जी और गायिका पूनम भाटिया को अनुबंधित किया गया था, और सबसे बड़ी बात यह थी, कि इस एल्बम के लिए गीतकार के रूप में गुजरे जमाने के महान गीतकार योगेश जी को साइन किया गया- योगेश जी जिन्होंने आनंद- रजनीगंधा जैसी बड़ी फिल्मों के लिए गाने लिखे ऐसी महान हस्ती के साथ मुझे भी इस एलबम में एक गाना लिखने का मौका मिला, ये मेरे लिए एक सपना था, इन महान कलाकारों के बीच मुझे भी अपनी प्रतिभा प्रदर्शित करने का मौका मिला इस भक्ति एल्बम में मेरे गाने के बोल इस प्रकार थे-

आज हुआ मां से वादा-

खाई कसम किया इरादा-

जाऊंगा मैं मां के दर पे,

दर्शन मां का मुझको नसीब होगा-

दिन पर दिन मैं प्रगति करता जा रहा था, अचानक भजन सम्राट अनूप जलोटा जी के संपर्क में आने के बाद मुझ में और जोश भर गया।

इसके अलावा मैं मामा जी के साथ अक्सर महान गायिका हेमलता जी और रवींद्र जैन जी के घर जाता रहता, एक बार मामा जी मुझको लेकर दादर गए, जहां   "हम आपके हैं कौन" के

संगीतकार लक्ष्मण जी से मेरी मुलाकात उनके घर पर हुई, लौटते वक्त मामा जी ने मुझसे कहा, और मेहनत तथा सुधार करने को कहा, मैं अपना कर्म करता रहा, मुझे अभी बहुत आगे बढ़ना था, दिल में ढेरों ख्वाहिशें थीं, नाम कमाना था। मामा जी के घर पर फोन की सुविधा होने से अक्सर घर पे मेरी बातें हो जाती थीं,

अपने घरवालों को मुंबई आने के लिए अक्सर कहता रहता था, मामा जी से सम्पर्क हो जाने के बाद मेरे घरवालों की चिंताएं समास हो चुकी थी, अचानक एक दिन घर में सब लोगों ने मुंबई आने की योजना बना ली, मैंने भी हंसी खुशी अपने घरवालों को मुंबई आमंत्रित कर दिया, फिर सबके आने के पहले मामा जी को मैंने बताया कि मेरे घर वाले यहां आ रहे हैं, यह सुनकर मामाजी पहले गुस्साए क्योंकि सबके आने की खबर उनको पहले नहीं दी थी। फिलहाल उन्होंने तुरंत नालासोपारा के फ्लैट की चाबी दी, अपने घरवालों के आने पर मैंने सब व्यवस्थित कर दिया था।

मेरे घर के सभी लोग मुंबई दो माह तक रहने के बाद मुझ को भी अपने साथ लखनऊ लिवा ले गये – उन लोगों के आने का मकसद ही था मुझे लखनऊ वापस ले जाना यद्यपि मेरी इच्छा न थी कि अभी लखनऊ जाऊं क्योंकि अभी फिल्म इंडस्ट्री में मेरी शुरुआत थी, इसका महत्व सिवा मेरे कौन जान सकता था, यही मेरी लाइफ का टर्निंग प्वाइंट था, वापस घर लखनऊ जाना मेरी जिंदगी की सबसे बड़ी गलती थी, जिसका सुधार करना मुश्किल ही नहीं नामुमकिन भी था– इसकी कसक आज भी मेरे दिल को कचोटती है, उस नामुमकिन को मुमकिन बनाने के लिए मैंने – क्या – क्या नहीं किया, इसका स्पष्टीकरण हमारे लिए मायने नहीं

रखता, बस हमारा उद्देश्य एक ही है कर्म करो -फल की इच्छा नहीं- समय और लहर कभी किसी की प्रतीक्षा नहीं करते- इस सूक्ति का अनुसरण करते हुए हर इंसान आगे बढ़ने का प्रयत्न करे तो प्रकृति उसका कदम चूमेगी-

अपने सपनों की आहुति देकर मैं अपने घर वालों के साथ लखनऊ पहुंचा- मुझ को वापस बुलाने का उद्देश्य था- " बहन की शादी" - पिताजी अक्सर अस्वस्थ रहते और बड़े भाई साहब इन सब कामों के लिए सक्षम न थे, क्योंकि शादी कोई गुड्डे- गुड़ियों का खेल नहीं- जन्म जन्मांतर का साथ निभाना पड़ता है। जाने घर से लेकर बाहर तक मुझ बच्चे में ऐसी क्या खूबी थी, जो इतना श्रेष्ठ मानते थे, सबका यही कहना था कि मैं जो करूंगा अच्छा करूंगा, मेरा व्यवहार- मेरी बातचीत- हर चीज का लखनवी सलीका थोड़ा अलग जो आज भी है, लेकिन मुझको अच्छा मानना समझना लोगों का बड़प्पन है थाना- पुलिस कोर्ट कचहरी से लेकर कोई भी विभाग हो सब जगह मैंने अपने व्यवहार व दूसरों की मदद से अच्छी- खासी पैठ बना रखी थी- एक लेखक की हैसियत से लोग सम्मान देते थे मोहल्ले से लेकर बाहर तक जब किसी को नए साल या बर्थडे या अन्य प्रोग्राम में कुछ कविता ग़ज़ल या किसी अन्य विषय पर लेख की जरूरत पड़ती तो मैं ही याद आता इन सब कामों से मुझे भी खुशी मिलती।

लखनऊ पहुँचने पर मैंने स्वयं को बिजी (व्यस्त) किया ट्यूशन पढ़ाना शुरू कर दिया, साथ ही बहन के रिश्ते की खोज में जुट गया। पहले विज्ञापन के जरिए चार - पांच रिश्ते खोजे पर वो सब पसंद नहीं आये, और रिश्तेदारों - के जरिए भी देखे गए

रिश्ते जमे नहीं। मेरी इकलौती बहन जिस पर मैं जान छिड़कता था, आज भी बहुत मानता हूं, भले वह मुझसे बड़ी हैं तो क्या हुआ- हम दोनों में शुरू से तकरार भी है- और प्यार भी जो एक अच्छे भाई -बहन में होना स्वाभाविक है। मैं अपनी बहन के लिये अच्छे से अच्छा रिश्ता ढूंढ रहा था।

दिन पर दिन गुजरते गए और मैंने अपने होने वाले जीजू की तलाश में जाने कितने पापड़ बेल डाले पर असफल रहा, इसी बीच एक दर्दनाक घटना ने फिर मेरा दिल दहला दिया- 23 अक्टूबर 1999 की वह शाम मेरे घर के बाहर भीड़ जमा थी, मैं ट्यूशन पढ़ा के वापस लौटा तो पता चला कि 10 माह के मेरे भतीजे की मौत हो गई- घर के अंदर बने पानी के छोटे से टैंक में वह गिर गया इस दर्दनाक हादसे ने सब को हिला कर रख दिया नहीं भूल सकता जब अपने भाई के साथ में उस नन्हे बच्चे को मिट्टी में दफन कर दिया। मेरे घर का एक चिराग अचानक बुझ गया- जिसकी असहनीय पीड़ा आज भी सबके दिल पर चोट पहुंचाती है।

इस हृदय विदारक घटना के बाद कई दिनों तक मैं घर से बाहर नहीं निकला घर के मातम में मैं भी शरीक था। इसके बाद साल 2000 की नई शुरुआत पहले दिन ही मंदिर जाकर भगवान के सामने प्रण किया कि चाहे जैसे भी हो इस साल तो बहन की शादी करवा के ही दम लूंगा। पिताजी ने थोड़ी पूंजी जमा कर रखी थी, बाकी उन्होंने जौनपुर में गांव की जमीन बेचकर इकट्ठा कर लिया। अब आर्थिक समस्या फिलहाल तो नहीं थी, बहन की शादी के लिए मेरी कोशिश जारी थी। एक बार फिर से मेरे घर खुशियों का आगमन हुआ। 26 मई 2000 को मेरे दूसरे भतीजे का जन्म

हुआ, पहले भतीजे का गम थोड़ा हल्का हो गया और घर में फिर से रौनक छा गई।

इत्तेफ़ाक़ से एक दिन मेरे पड़ोसी मित्र अमित पांडे ने अपने एक रिश्तेदारी में मुझे ट्यूशन दिलवा दिया- हरीशचंद्र पाण्डे - बैंक कर्मचारी - जिनके बच्चों को मैं पढ़ाने लगा- कुछ ही दिनों में हमारे और पांडे जी के बीच संबंध इतने प्रगाढ़ हो गए कि मैं उनको अपना बड़ा भाई मानने लगा मेरे बहन की शादी के लिए उनके साथ भागदौड़ शुरू कर दिया- इस बीच मैं अपने घर में टेलीफोन लगवाने के संबंध में दूरसंचार ओफ़िस गया था, जहां मेरी मुलाकात मेरे नाम के राशि वाले एक शख्स गिरीश चंद्र श्रीवास्तव से हुई। जिनके माध्यम से मुझे बहन के लिए मनचाहा वर मिल ही गया।

पाण्डे जी सहित मेरे घर के सदस्यों और रिश्तेदारों के बीच मेरे बहन की शादी एक अच्छे परिवार में तय हो गई- शादी की सारी जिम्मेदारी पाण्डे जी ने लिया था। कपड़े- गहने जेवर हलवाई मंडप- डेकोरेशन सभी व्यवस्था पाण्डे जी ने संभाला - छोटे होने के साथ-साथ मेरे अंदर अभी अनुभव की कमी थी, फिर भी मैंने अपनी तरफ से हर संभव कोशिश किया कि शादी में कोई कमी न हो, पाण्डे जी जब जितना पैसा मांगते, उनको तुरंत हम लोग दे देते- पाण्डे जी की पत्नी भी हमेशा उनके साथ रहतीं- वे लोग इतना मेहरबान क्यों थे, ये तो आने वाला वक्त ही बताने वाला था,

एक ओर शादी की तैयारियां चल रही थीं दूसरी ओर कॉलोनी में मेरा नाम और वर्चस्व देखकर कुछ लोगों ने मुझे कॉरपोरेट के चुनाव में खड़ा करने की तैयारी में जुट गए- सब लोगों को मेरे

अंदर मां की छवि दिखाई देती मैं चुनाव लड़ने के पक्ष में नहीं था, क्योंकि शादी की तय तारीख के एक दिन पहले चुनाव था- मेरे मना करने के बावजूद किसी ने मेरी एक न सुनी, खुद लोगों ने पैसा मेरे ऊपर लुटाया। राष्ट्रवादी कांग्रेस पार्टी की ओर से मुझे सभासद के लिये सीट मिल चुकी थी।

उधर शादी का दिन नजदीक आ रहा था, तैयारियां पूरी हो चुकी थी लेकिन शादी के पहले तिलक की कोई तैयारी न थी हम लोगों के पास पैसा भी नहीं बचा था, जबकि लगभग 3 लाख से ऊपर रुपये खर्च हो चुके थे, अभी भी 1 लाख रुपये की जरूरत थी दहेज में हम लोगों की ओर से स्कूटर देने का वादा था जो हर हालत में पूरा करना ही था यही मामला फंस गया पाण्डे जी से रुपयों की व्यवस्था के लिए कहा गया लेकिन वे कोई न कोई बहाना बनाते रहे, यहां तक की गाड़ी (दो पहिया) भी व्यवस्था नहीं करा पाए, हम लोगों को बिल्कुल भी आभास न था कि पाण्डे जी कोई खेल खेलने वाले हैं, हम लोग आंख बंद करके उनपे विश्वास करते गए, अब नतीजा ये था कि कल तिलक जाना है, आज कुछ व्यवस्था नहीं, अंतिम वक्त पे पाण्डे जी ने हम लोगों को अपने रिश्तेदार से ब्याज पर 1 लाख रुपये दिलवाए, बदले में मकान के सारे पेपर गिरवी रखना पड़ा।

फ़िलहाल दूसरे दिन धूमधाम से तिलक निपट गया, उधर सभासद के लिए चुनाव भी समाप्त हो गया- जिसमें मुझे तय हार का सामना करना पड़ा। इसके विपरीत खुशी थी कि मैं वह जंग जीत गया- ''बहन की शादी'' - जो मेरे लिए सबसे बड़ी चुनौती थी। मेरे जीजू जो कि स्वास्थ्य कर्मी हैं, मुझे खुशी है कि मेरी

बहन अपनी बेटी कनिका व पति के साथ आज भी सुखी पूर्वक जीवन यापन कर रहे हैं।

यद्यपि शादी निपट जाने के बाद घर के लोगों ने चैन की सांस ली लेकिन घर का कोई सदस्य इस यादगार शादी को आज भी नहीं भुला पाये – इसके कई कारण की स्पष्टता सामने आएगी पर पहले अपनी बात शुरू करता हूं–

मुझे लगा कि बहन की शादी निपट गई अब मैं आजाद हो गया लेकिन चुनाव हारने की टीस अभी भी मेरे दिल में है, बिना प्रयास के कुछ भी संभव नहीं तो चुनावी कुरुक्षेत्र में बिना प्रचार-प्रसार के जीत पहले ही असंभव थी। वक़्त का कारवां यूं ही गुजरता गया और-

कुछ दिन पश्चात एक ठाकुर साहब जो कि एक सामाजिक संस्था चला रहे थे, उनसे मेरी मुलाकात हुई, उनके घर मेरा आना जाना शुरू हो चुका था- बस फिर क्या था- मेरे दिमाग की नई उपज ठीक अपने स्वर्गीय मां की तरह उनके राहों पर चलते हुए मैंने भी एक संस्था का निर्माण करने का मन बनाया, जिसमें अपने कॉलोनी तथा बाहर की कई बड़ी हस्तियां मेरे साथ जुड़ी सबका लक्ष्य एक ही था, कि संस्था का नाम हो और सामाजिक हित में यह संस्था कार्य करे।

अपने क्षेत्रीय B. J. P. विधायक माननीय सुरेश श्रीवास्तव द्वारा उद्घाटित "लाला लाजपत राय सेवा संस्थान" के अंतर्गत प्रयास किया गया कि ज्यादा से ज्यादा लोगों को इस संस्था से जोड़ा जाए जिससे सामाजिक हित में सुचारू रूप से कार्य किया जा सके।

कुछ दिन बाद जब संस्था का खाता खोलने की बात सामने आई तो सब संस्था में शामिल 5-4 पदाधिकारियों ने संयुक्त खाते में अपना- अपना नाम जोड़ने की बात के लिए हठ कर ली - इस संस्था में सबसे कम उम्र के बावजूद अध्यक्ष पद पर मैं आसीन था- मुझ पर सबको विश्वास था कि मैं अपने अनुभव और संबंधों के बल पर सरकार से प्राप्त अनुदान और अन्य लोगों से दान के सहारे पैसों का पेड़ लगा दूंगा़। मेरे विषय में सबकी सोच सही थी कि अगर मैं चाह जाता तो बहुत कुछ कर गुजरता लेकिन संस्था के नाम पर मैंने चुप्पी साध ली। मैंने संस्था का कोई खाता नहीं खोला, क्योंकि पैसे के लालच में मार-काट मच जाती, एक बात ये भी था कि किसी ने भी मेरा विरोध नहीं किया, कभी-कभी मैं खुद नहीं समझ पाता कि मेरा कद कितना बड़ा है स्वयं का आकलन भी मेरे लिए कठिन सा हो जाता।

इस बीच एक दिन घर की सीढ़ी पर बैठे मुंबई की यादों में खोया हुआ था आगे का भविष्य मेरा क्या होगा कैसा होगा इन्हीं सब विचारों में लीन था, मामा जी उपमा प्रियंका सब की याद आ रही थी, उस समय मेरे दिल से जो आवाज निकली, वह मेरे लिए आज भी अकल्पनीय है -उस दर्द को उस आवाज को अपने दिल में उतार लिया- उन शब्दों को मैंने अपनी लेखनी से अलंकृत करते हुए जो लिखा वह इस प्रकार है-

''मेरे मरने के पहले तू

एक बार मेरी हो जा-

तेरा दिल धड़के तो-

बाहों में मेरी सो जा

ओ ओ -----------

जाने कितने बरसों से

देखे थे तेरे सपने -

लम्हा- लम्हा तुम आओ-

हो जाओ मेरे अपने—

मैंने इस दुनिया में तुझको,

कैसे-कैसे था खोजा-

मेरे मरने के पहले तू

एक बार मेरी हो जा

यह गीत मेरी जिंदगी का एक अलग प्रकार का हिस्सा है, आने वाले समय में मेरी कोशिश रहेगी ये एक यादगार प्रस्तुति वीडियो एल्बम के रूप में दर्शकों के समक्ष पेश करूं। उपरोक्त गाने की औडिओ रिकार्डिंग हो चुकी है – एल्बम शूट बाकी है। फिलहाल वह दिन और रात तो यादों की तनहाइयों में बीता और दूसरी सुबह एक नया ख्याल- नई आवाज के साथ मेरे दिल में गूंजने लगा- उसके बोल इस प्रकार थे।

दुखता है दर्द मेरा

जब हो यह सवेरा

हो हो------ दुखता

मेरे पास आजा

मुझे समझा जा

हो जाऊंगा तेरा- तेरा--------

रुत है गुलाबी-

मैं हूं शराबी-

ऐसे में ढूंढ मैं दिल को-

मेरे पास आजा

मुझे समझा जा

हो जाऊंगा तेरा-----

जाने क्या क्या मैं लिखता चला जा रहा था इसी कड़ी में एक दिलचस्प खयाल को भी दिल में संजोया---

‘‘दिल से जुबां तक जब कुछ दिखता

उन्हीं कल्पनाओं को हूं मैं लिखता

रही बात मेरे गाने की

यह कहानी है गुजरे जमाने की

पक - पक के गया हूं पक-

अब दूसरों को क्या दूं सबक

होश में रहकर भी रहता मदहोश

इसमें न मेरा न दिल का दोष

तन्हा- तन्हा रह कर भी खामोश

सोचा कुछ खुशियां लूं आगोश—

इसी तरह मैं कल्पनाओं के भंवर में फंसा अपने मन मस्तिष्क की तीव्रता को थोड़ा विराम देना चाहता था- परंतु यह पागल मन मानने को तैयार ही नहीं लेकिन अचानक एक दिन इस तूफान भरी जिंदगी में एक भूचाल- सा आ गया ऐसा झटका लगा की दुनियादारी की सारी अकल मुझ में जैसे समा गई।

मैंने अपनी आंखों से कई जाल साज, धोखेबाज, चालबाज, गुंडे- मवाली सब देखे- अगर किसी से मेरा पाला भी पढ़ा -तो अपनी बुद्धिमत्ता से खुद को बचा लेता- लेकिन मेरी जिंदगी का यह धोखा एक ऐसा सबक था जिसने मेरी आंखें खोल दी- इस हादसे ने मेरा मुंबई वापस जाने का सपना चूर-चूर कर दिया धोखा भी ऐसे शख्स से मिला जिसको मैंने भगवान माना- बड़ा भाई समझा -उसने ही मेरी पीठ पर ऐसा छुरा भोंका -ऐसा घाव दिया जिसकी असहनीय पीड़ा आज भी कभी-कभी ऐसी तड़क देती है कि घुट के रह जाता हूं। प्रस्तुत घटना मात्र मेरे लिए ही नहीं वरन हम सबके लिए एक सबक एक सीख है कि विश्वासघात क्या बला है, और इससे कैसे निपटना है?

उस दिन अपने घर के दरवाजे पर मैं खड़ा था, ठीक उसी समय डाकिए ने मेरे हाथों में एक स्पीड पोस्ट थमा दिया -और मुझसे साइन करवा कर चलता बना- हंसी-खुशी वह पत्र खोलने के

बाद जब मैंने पढ़ा तो मेरी आंखों के सामने अंधेरा सा छा गया, इस बीच घर में और सभी की निगाह भी उस पत्र पर पड़ चुकी थी, और छिपाने से भी क्या फायदा था, मैंने बताया यह पत्र पाण्डे जी के रिश्तेदार शिव महेश पाण्डे ने भेजा है- उस पत्र के माध्यम से नोटिस था कि हम लोगों ने अपना मकान शिव महेश पाण्डे को रुपए दो लाख रुपये में बेच दिया है जिसके एवज में -एक लाख साठ हजार रुपये 60, 000, 1- हम लोगों को मिल चुका है शेष बकाया राशि बनामा करते समय प्राप्त होगा- अर्थात पाण्डे ने हम लोगों द्वारा दिए गए मकान के पेपर द्वारा फर्जी ढंग से- विक्रय अनुबंध पत्र बनवा के अपने वकील के माध्यम से हम लोगों को नोटिस भिजवा दिया ।

हरीश चंद्र पाण्डे ने इतने दिनों तक घर में घुसकर हम लोगों की कमजोरी पकड़ ली थी। उनका ख्याल था कि हम सीधे-साधे लोग दबाव में आकर मकान उन लोगों के हवाले कर देंगे। अब हमारी जिंदगी की कहानी में एक नया मोड़ आ चुका था, ऐसी भयावह स्थिति से निपटना हर एक आदमी के बस की बात नहीं-

अब हरीश चंद्र पाण्डे का चेहरा एक खलनायक के रूप में सबके सामने आ चुका था, ऐसी परिस्थिति में हिम्मत के साथ-साथ अकल का सही इस्तेमाल करके दुश्मन को मात देना ही सबसे बहादुरी का काम था।

उस दिन शाम को घर में सलाह मशविरा करने के बाद अपने जीजा जी के माध्यम से जान -पहचान के वकील- रमेश चंद्र शर्मा जी से मुलाकात करके केस की सारी जानकारी दे दी, अगले दिन

हम लोगों की तरफ से भी कोर्ट में केस दायर कर दिया गया, फिर शुरू हो चला- बहस और तारीख का सिलसिला- इस बीच पाण्डे ने हमारे मकान के एक भाग पर कब्जा भी कर लिया था, कब्जा मिल जाने के बाद पाण्डे अपने 5-4 गुंडों के साथ हम लोगों को डरा धमका के चला जाता, मेरे घर में दहशत का माहौल था, मेरे मकान के एक भाग पर कब्जा कर लेने की वजह से पाण्डे का पलड़ा भारी था, हमको उसका कब्जा किसी भी सूरत में हटाना था।

मेरे घर में किसी की हिम्मत नहीं थी पाण्डे का सामना करने का, केस चलने के बावजूद वो लोग जबरदस्ती करके मकान लेना चाहते थे। ऐसी परिस्थिति में मरता क्या न करता- सारी हिम्मत जुटा कर मैंने सामने गेट पर ताला लगा दिया और पीछे के गेट से हम लोगों ने आवागमन शुरू कर दिया - हमें मालूम था डर से और डर पैदा होगा सो उस दिन पाण्डे और उसके साथियों के सामने हिम्मत करके मैं खड़ा हो गया, पहले उन लोगों ने मुझे डराने धमकाने की कोशिश की परंतु कामयाब न हो पाए, मैंने भी डू और डाई फार्मूला अपना लिया था, करो या मरो की स्थिति में मेरी जीत हुई- और वे सब बाहर से ही झांक के चले गए कि उनका कब्जा कायम है या नहीं -अब उनका रोज का नियम था ,बाहर से आके झांकना फिर चले जाना, जबकि मैंने उनका कब्जा हटाने के उद्देश्य से रातों रात ताला तोड़कर उनका सामान हटा के लोगों में बांट दिया। उधर ठीक उसी प्रकार का ताला लाके लटका दिया था। हमने उन लोगों को आभास भी नहीं होने दिया कि मैंने क्या गेम खेला? धीरे-धीरे पाण्डे का केस कमजोर पड़ने लगा, तब

उसने- मेरे क्षेत्रीय थाने में पैसे के बल पर एक बार फिर अंतिम कोशिश किया शायद हम लोग डर के उस को कब्जा दे दें उपरोक्त थाना तालकटोरा में पाण्डे के वकील, नेता और खुद थाने के दरोगा सहित मुझको धमकियां मिली- टॉर्चर करते हुए उसके वकील ने कहा- बेटा मैं तुम्हें चोरी में फंसाऊंगा, मर्डर में फंसा दूंगा- लेकिन मुझ पर उनकी बातों का कोई प्रभाव न हुआ। वह दिन भूल नहीं सकता कि करीब 30 लोगों के बीच मैं अकेला कैसे सब का सामना करके चला आया।

फिर उसी शाम अपने वकील से सलाह मशविरा करके थाने में घटित अपने साथ की घटना का उल्लेख करते हुए प्रार्थना पत्र तैयार किया, शासन प्रशासन से लेकर मुख्यमंत्री तक दौड़ गया - अंदर ही अंदर कार्रवाई होती रही फिर दोबारा मेरे साथ थाने पे वहीं घटना दोहराई गई मुझ से जबरन लिखवाया गया कि मैं दो दिन में पैसा दे दूंगा अन्यथा मकान का कब्जा दे दूंगा, लेकिन उन लोगों की यह मंशा पूरी न हो पाई- मेरे द्वारा लिखे गए प्रार्थना पत्र पर जब कार्रवाई शुरू हुई तो थाने का दरोगा अपनी नौकरी बचाने में जुटा- तो विपक्षी वकील देवेंद्र मिश्रा साहब का लाइसेंस जब्त होने की नौबत आ गई। अंततः विपक्षी वकील मेरे सामने गिड़गिड़ाया- मुझ जैसे छोटे लड़के से पाण्डे की टीम को इतना भय हो गया कि कब क्या बिजली गिरे कोई भरोसा नहीं वे लोग मान गए थे इतना साहस करके सारी बाजी पलटने वाला कोई मामूली इन्सान नहीं है। इस केस के सारे रिकॉर्ड आज भी थाने कोर्ट आदि में मौजूद होंगे- फिलहाल अंत में मकान तो बच गया, हम लोग केस जीत गये - समझौता करके शिव महेश पाण्डे से ली गई रकम

भी वापस कर दिया- लेकिन इन सब चक्कर में लाखों रुपए हम लोगों पे अलग से कर्जा हो चुका था। इसी बीच मेरे वकील ने अपने घर में एक पीसीओ खोल रखा था। जो कि वे भाड़े पर किसी को देना चाहते थे वह पीसीओ हम लोगों ने भाड़े पर ले लिया- जगह की कोई कमी न थी सो मेरे भाई साहब ने पीसीओ के साथ-साथ स्टूडियो भी डाल दिया जो फिलहाल अच्छा चल रहा था।

बाइक का शौक पहले भी था, आज भी बहुत है। मेरी जिंदगी का वह सुनहरा दिन, जब मैं दोपहर अपनी ग्लैमर बाइक से अपने स्टूडियो पहुंचा। अंदर पहुंचते ही मेरे दिल की धड़कन रुक गई, कुछ पल के लिए मेरी आंखें फटी की फटी रह गईं। मेरी कल्पना से परे बहुत खूबसूरत लड़की अपनी मां के साथ फोटो खिंचवाने के लिए आई थी। स्टूडियो में मौजूद मेरा हेल्पर कैमरा मैन उस अप्सरा की फोटो खींच चुका था।

अंदर काउंटर पर मैं जाके बैठ गया, उस लड़की की मां जो पहले ही बाहर मेरे को बाइक से उतरते देख चुकी थी और वह मुझसे कुछ प्रभावित सी लग रही थी। मेरा नाम आदि पूछने के बाद उसने खुद का परिचय दिया, इस बीच मैंने चाय समोसा उन दोनों की खातिरदारी के लिये भी मंगवा लिया था। चाय पीते हुए मैंने धीरे से बोला आंटी कल मुझे आपके घर की ओर ही आना है आप कहें तो फोटो साथ लेता आऊंगा। मेरे चेहरे के भाव देख मुस्कुराते हुए आंटी ने स्वीकृति में सिर हिला- दिया मेरी खुशी का ठिकाना न था। थोड़ी देर पश्चात दोनों मां- बेटी वहां से जा चुकी थीं।

उस रात मेरी आंखों से नींद गायब थी मैं उपमा से आंटी की

बेटी स्वाति की तुलना करने लगा, स्वाति किसी एंगल से उपमा से कम न लगी, पहली नजर में ही मैंने स्वाति को दिल में बसा लिया, वैसे भी मुंबई जाने की मेरी साइत ही नहीं बन रही थी, पहली बार किसी लड़की के पीछे मेरा मन इतना विचलित हुआ था- मैं सुबह की प्रतीक्षा करते - करते कब सो गया पता ही न चला।

दूसरे दिन दोपहर मैं आंटी के घर पर था, वहां स्वाति और उसके छोटे भाई साथ हमारी काफी देर तक बातें होती रहीं, उस दिन मेरे लिये चाय से लेकर खाने की भी व्यवस्था आंटी ने किया था, इतनी खातिरदारी के पीछे क्या राज था यह तो आगे वक्त ही बताने वालाथा । फिलहाल उस दिन काफी कुछ आंटी और उनके घर के बारे में पता चल चुका था, उनका घर खुद का घर था आंटी पंजाबी और उनके पति ब्राह्मण जबकि दूसरी बड़ी बेटी का विवाह राजस्थान के रस्तोगी - (बनिया वैश्य) परिवार में हुआ और अब यह कायस्थ का बच्चा उस परिवार में शामिल होने की योजना बना रहा था, भला ऐसी सर्व धर्म समान वाली फैमिली आसानी से नहीं मिलती- वैसे मुझे जात- पात से मतलब नहीं था- बस इंसानियत से प्रेम और लगाव शुरू से रहा।

धीरे-धीरे हमारे प्यार की खिचड़ी पक रही थी, आंटी बहुत खुले विचारों की थी इसलिए मुझ पर या अपनी बेटी पर शक की कोई गुंजाइश न थी। एक बार मेरे साथ आंटी, स्वाति और उसका भाई हम चारों लोग लखनऊ प्रतिभा सिनेमा हॉल में फिल्म "करण अर्जुन" देखने गए। स्वाति व मैं एक अच्छे दोस्त बन चुके थे, परंतु हम दोनों में से किसी ने भी प्यार का इजहार अब तक न किया था, लेकिन आग दोनों तरफ लगी थी। इस आग को बुझाने

की पहल करने के चक्कर में एक दिन हिम्मत जुटा कर फिल्मी अंदाज में आंटी के पास जा पहुंचा, शाम का वक्त हो चुका था- आंटी छत पर अकेले बैठी थीं, ठीक उसी समय मैंने अपने प्यार की भीख मांगने उनके पास खड़ा था, यह मेरा पहला अनुभव था, डरते- डरते मैं धीरे से बोल पड़ा "आंटी - बस यही शब्द बोलकर कुछ बोलने का साहस न हुआ- पर बाद में मेरा कंठ फूट पड़ा और मैंने बोल ही दिया- " आंटी मुझे स्वाति बहुत पसंद है- इतना कह कर मैं चुप हो गया, उस समय मेरा हाल किसी मजनू से कम न था, और बोलने के लिए मैं एक झटके में इतनी बड़ी बात बोल गया था, यह भी न सोचा कि परिणाम क्या होगा। मैं काफ़ी डरा सहमा आंटी के पास खड़ा था, कि वह कुछ उगलें- कोई जवाब दें, आज परीक्षा का दिन था- मैंने परीक्षा दे दिया था पास-फेल की मुहर आंटी को लगानी थी, जो उन्होंने लगा दिया और कहा कि मैं सब जानती हूं, मैं (स्वाति) के पापा से बात करके जल्दी ही बताऊंगी, मैं कोशिश करके उनको शादी के लिये राज़ी करूंगी।

आंटी का जवाब सुन मैंने चैन की सांस ली- परीक्षा में लगभग सफल हो चुका था वह दिन मेरे लिए आज भी यादगार बनकर, मेरे सीने के अंदर दफन है। जबसे पाण्डे को कोर्ट केस में हराया, तब से मैं घर से बाहर हीरो बन गया, मेरे अंदर से डर नाम की चीज खत्म हो गई थी। और आज प्यार के इस खेल में भी मेरा जीतना तय था जबकि ऊपर वाले ने मेरी किस्मत में एक और खेल लिख दिया था-

उस दिन शाम को मैं अपने स्ट्रडियो में बैठा भाई से बातें कर रहा था तभी उम्र 12-13 वर्ष का लड़का मेरे स्ट्रडियो में काम

मांगने आया। मैंने उसको मना कर दिया क्योंकि इतना छोटा लड़का हम लोगों के क्या काम आता- किंतु उसने अपने घर की दयनीय स्थिति जो बताई उस पर तरस खा के भाई साहब ने उस को काम पर रख लिया, स्टूडिओ में कुछ भी खास काम नहीं था। हम लोग पाण्डे के चक्कर में पांच लाख के ऊपर कर्जदार हो चुके थे, इससे बचने का हम लोगों के पास एक ही उपाय शेष था, कि मकान बेचकर दूसरा छोटा मकान ले लिया जाए जबकि यह विचार पाण्डे का केस शुरू होते ही बना लिया गया था, जब कोई अपनी प्रॉपर्टी बेचने का फैसला करता है तो सब की तिजोरी खुल जाती है अन्य कार्यों में पैसों के लिए बहाना बनाने वालों के पास भी पैसा दिखने लगता है।

पाण्डे का केस होते ही मकान खरीदने वालों की भीड़ जुटने लगी थी, सबको जाने क्यों वह मकान मनहूस सा लगने लगा था, तभी पिताजी सहित सबकी सहमति से सुरेश चावला नाम के शख्स से मकान के लिए हम लोग बयाना ले चुके थे, उसी बयाने की रकम से शिव महेश पाण्डे को उसका पैसा लौटाया गया था, और कुछ रकम स्टूडियो पीसीओ में खर्चा हुआ था, लेकिन वह स्टूडियो पीसीओ ज्यादा दिन न चल सका उसे बंद करना पड़ा-

मेरे स्टूडिओ में काम करने वाला लड़का अनूप जो हमारे घर का एक हिस्सा बन चुका था, अपनी मेहनत व अपनेपन से उसने हमारे घर में एक सदस्य की जगह बना ली, अपनी आय का स्रोत बनाने के चक्कर में 2002 नवंबर माह में मैंने प्रयास करके लखनऊ चारबाग स्टेशन मैंने छोटी सी दुकान चाय के होटल के लिए ले रखा था- इस होटल से हम लोगों की आजीविका के उलिए अच्छा साधन

मिल चुका था, बस रहने के लिए हम लोगों को एक दूसरे घर की तलाश थी, मकान का सौदा होने के बाद मात्र दो लाख रुपये ही बचे थे, जो हम लोगों को मिलने थे- फरवरी 2003 के पहले हफ्ते में सुरेश चावला के माध्यम से एक श्रीवास्तव फैमिली के नाम मेरे पिताजी ने मकान की रजिस्ट्री कर दी और 4 माह के अंदर उपरोक्त मकान खाली करने के लिए हामी भर दी।

अनूप मैं और मेरे भाई तथा एक कारीगर सबलोग मिलकर चारबाग (लखनऊ) स्थित चाय का होटल चला रहे थे, हम लोगों को उम्मीद थी कि इस होटल के सहारे बहुत कुछ किया जा सकता है, लेकिन फिर किस्मत ने दगा किया और अब ऐसी दर्दनाक घटना घटी जिसने सारा परिवार छिन्न-भिन्न कर दिया। 19 फरवरी शाम का वक्त था, मेरी बहन और जीजा जी घर पर आए हुए थे, मेरी भाभी चाय, नाश्ता तैयार कर रही थी, मेरे पिताजी स्नान करके आए थे दूसरे कमरे में वह पाजामा पहन रहे थे, कि पाजामा उनके पैर में ऐसा फंसा कि वह लड़खड़ा कर अचानक जमीन पर गिर पड़े। फिर उनके उठने की हिम्मत न थी, उनकी आवाज सुनकर सब लोग कमरे में पहुंचे और उनको उठाकर बैठाने की कोशिश की गई, लेकिन वह बैठ न सके, उनके कमर की हड्डी टूट चुकी थी, पिताजी दर्द से छटपटा रहे थे। तुरंत डॉक्टर को घर पर बुलाया गया।

डॉक्टर साहब ने इंजेक्शन व दवाइयां देकर कुछ दर्द तो कम किया, साथ ही पिताजी को तुरंत हॉस्पिटल एडमिट के लिए रेफर कर दिया, हम लोगों ने तत्काल मेडिकल कॉलेज में उनको एडमिट भी कराया जहां हड्डी टूटने के साथ-साथ पता चला, कि उन का

शुगर हाईलेबल, लिवर भी डैमेज है, एक साथ जाने कितने रोगों से ग्रस्त थे पिताजी, फिर भी किसी को भी मालूम न पड़ा, उनका इलाज चलता रहा, लेकिन 22 फरवरी 2003 को उन्होंने हौस्पिटल में दम तोड़ दिया, हॉस्पिटल से लेकर घर तक हाहाकार मच चुका था, मेरी आंखों से आज भी आंसू निकलने का नाम ही नहीं ले रहे थे, मैं अंदर ही अंदर घुटता जा रहा था।

परंतु जब अनूप के साथ उसके घर गया था, उसके घरवालों को मेरे पिताजी की मौत का पता चल चुका था। फिर अनूप की माँ ने जब मेरे सिर पर हाथ फेरा तो एक पल के लिए जाने क्यों अपनी माँ की यादों में खो सा गया था, उसके बाद जो मेरे आंसू फूटे थे जो बेचैनी बढ़ी कि किसी के चुप कराने से संभालने से मैं नहीं संभल रहा था, शाम ढलने के पहले बड़े भाई साहब के हाथों पिताजी का क्रिया कर्म हो चुका था। मैं दूसरी बार श्मशान भूमि गया था, वहां जाकर मेरे मन को अजीब प्रकार की शांति मिली, जाने कितनी लाशें जल रही थीं। श्मशान भूमि के आसपास लिखे गीता के श्लोकों व सूक्तियों को मैं बार-बार पढ़ रहा था। वहां से वापस आने के बाद दूसरे दिन से फिर औपचारिकताएं पूरी करने वाले रिश्तेदार, नातेदार आना शुरू हो गए, मुझे जाने क्यों अपने रिश्तेदारों से इतनी नफरत सी हो चुकी थी, कि मुझे जरा भी उन लोगो का आना रास नहीं आता, यदि रिश्तेदार चाहते तो मिलकर मेरा मकान बचा सकते थे, लेकिन ऐसा न हुआ, सब स्वार्थी और लोभी जिनसे मुझे अंदर ही अंदर घृणा सी हो गई, आज भी मैं उन लोगों से दूर रहने की कोशिश करता हूं, बस कुछ ही लोग हैं जिनसे मेरे रिश्ते अभी भी कायम हैं, वैसे भी बुजुर्गों ने सही कहा

है जब तक माँ है तब तक रिश्तेदारी, और पिता के न रहने पर खानदान केवल कागजों पर दिखाई देता, पैतृक हिस्सेदारी निभाने के लिए, वास्तव में इस बात में बिल्कुल सच्चाई नजर आई, क्योंकि मैं भुक्तभोगी हूं।

फिलहाल मेरे पिताजी की तेरहवीं आदि कार्यक्रम संपन्न हो चुका था, इधर चार बाग का होटल भी बंद हो गया, फिर वह समय आ पहुंचा, जब जुलाई का पहला सप्ताह मकान खरीदने वाले हम लोगों के सिर पर सवार थे, उन लोगों से थोड़े दिन और रुकने का समय मांगा लेकिन वे लोग तैयार न हुए- यहां घर में सब की बुद्धि एक साथ भ्रष्ट हो गई किसी को कुछ नहीं समझ आ रहा था कि आगे क्या करना है? आनन-फानन में मेरे भाभी ने फैसला किया कि वे बनारस अपने मायके में रहेंगी, उनकी माँ अर्थात भाई की सास ने सब को अपने यहां बुला लिया था, उसी रात भरी बारिश में ट्रक के अंदर सारा सामान भर के हम लोग बनारस के लिए निकल पड़े, अनूप भी हमारे साथ था, दूसरे दिन शाम तक हम लोग वाराणसी भाई के ससुराल पहुंच गए, मैं व अनूप दो दिन वहां रुके रहे, अब मैं भाई के ससुराल में ज्यादा दिन नहीं रुक सकता था। भाई के ससुराल से मैं अनूप के साथ निकल पड़ा। वहां से निकलने के बाद अब मैं अनाथ था, न माँ- बाप, न भाई-बहन सारे रिश्ते हमसे बिछड़ चुके थे।

एक लावारिस हालत में अनूप के साथ उसको घर पर छोड़ने लखनऊ गया। मैंने सोच रखा था कि अब मुंबई चला जाऊंगा। मुझे नई सुबह की तलाश थी - वक़्त और हालात मेरे वश में न थे - चारों ओर ग़म का साया मंडराता दिख रहा था -

समय का फेरा रे –

हुआ ग़म का डेरा रे

कैसे बीते रात अँधेरी

कब होगा सवेरा रे –

यही सोचता हुआ, दुःखी मन से अनूप के साथ घर पहुँचा| उस दिन रात में वहां से मुंबई निकलना चाहा, लेकिन अनूप के माँ बाप ने मुझको रोक दिया और कहा कि अब तुम यहीं रहोगे – जैसे अनूप मेरा बेटा, वैसे तुम भी मेरे लिए बेटे हो| उस परिवार में अनूप के चार भाई और थे तथा तीन जवान बहनें – परिवार काफी बड़ा होने के बावजूद सभी लोगों में बहुत प्रेम था। पांच पांडवों के बीच में मैं कर्ण के रूप में अनूप के घर पहुँच चुका था, यद्यपि मैं नहीं चाहता था कि उन लोगों के साथ रहूँ, लेकिन अनूप के अपनेपन और दोस्ती ने मुझे साथ रहने को मजबूर कर दिया|

अनूप के घर में एक सदस्य की भाँति मैंने रहना शुरू कर दिया, शुरुआत में मुझे लेकर मोहल्ले में बड़ी फुसफुसाहट हुई कि अनूप के पापा ने जवान बेटियों के बीच एक गैर लड़का पाल रखा है, लेकिन बाद में मेरा स्वभाव व रहन-सहन जानने के बाद टीका-टिपण्णी करने वाले लोग मेरे साथ हो गए, मुझे मानने लगे, करीब एक साल से भी ज्यादा मैं अनूप के घर और गाँव में रहा, मुझे कोई प्रॉब्लम न हुई|

अनूप से दोस्ती के बाद उसके सारे परिवार-खानदान से लेकर रिश्तेदारी तक मेरा आना-जाना रहा खुद अनूप ने भी मेरे सारे

रिश्तेदारों और खानदान के लोगों से मिला| लखनऊ से इलाहाबाद और बनारस जौनपुर अपने गांव कहीं भी जाना हो तो बाइक से सफर में मज़ा आता - मात्र २० घंटे में ६०० किमी का सफर मेरा रिकॉर्ड रहा| ये गलत था कि बाइक चलाते समय मुझे रफ़्तार की परवाह न रहती, भला हो ऊपर वाले का जो मैं दुर्घटना से आज तक बचा रहा। वैसे समय के साथ - साथ बाईक की रफ़्तार में थोड़ी कमी कर दी, लेकिन आज भी कोई कह दे साथ चलने को तो कश्मीर से कन्याकुमारी तक बाइक भगाने का हौसला आज भी कायम है|

सन २००४ नवंबर माह में अनूप और मैं दोनों मुंबई आये, एक बार फिर मैंने मुंबई में कदम तो रख दिया था, लेकिन अब मैं अकेला नहीं था अनूप ने भी मेरे साथ जीने- मरने की कसमें खा रखी थीं| उसको साथ लेकर उपमा के यहाँ जाना सही नहीं था, हम दोनों ने शर्मा रेस्टोरेंट चार बंगला में करीब सात-आठ माह तक एक साथ काम किया, उसके बाद कांदिवली सह्याद्रि बार एंड रेस्टोरेंट में हम दोनों करीब ६ माह तक काम करते रहे, फिर मेरे दिमाग में आया की चलो एक बार घाटकोपर अपनी चचेरी बहन से मिलकर आया जाए, मैं व अनूप दोनों साथ घाटकोपर गए लेकिन बहन से मुलाकात न हो पाई, अपने जीजा जी से मिलने के चक्कर में उनके पवई स्थित एसी शॉप पर हम लोग गए, अपने जीजा के माध्यम से मैं और अनूप सरन साहब के पास पहुंचे, उस समय वे अपने चेंबर में बैठे थे, केबिन में घुसते ही सरन साहब के चरण स्पर्श करके हम लोगों ने अपना परिचय दिया, कुछ देर बातचीत होने के बाद मैंने उनसे कुछ काम दिलवाने के लिए कहा, हमारी बात सुनकर पहले वेहँसे, फिर पूछा क्या काम करोगे?

जवाब में मैंने कहा अंकल अब आपसे अच्छा रास्ता कौन बता सकता है अपनी मेहनत से दिन रात एक कर के आप ने करोड़ों कमाया,   आप जो कहेंगे मैं करूंगा, बस अपना हाथ धर दीजिए हम लोगों पे, मेरी बातें सुन जाने क्या सोचकर उन्होंने दूसरे दिन हम लोगों को आने के लिए कहा, वो भी अपना बैग सामान आदि सब कुछ साथ लाने के लिए कहा हम लोग ने तुरंत हामी भर दी और वहां से चले आए कांदिवली बार के मैनेजर से कह के हम लोगों ने हिसाब लिया और तीसरे दिन पवई पहुंच गए- शाम का वक्त हो चुका था।

सरन अंकल ने अपने ड्राइवर साहब राव को बुलाके हम लोगों का सामान गाड़ी में डलवाया और अपनी दूसरी पत्नी के यहां घाटकोपर गए यद्यपि उनकी पहली धर्मपत्नी का स्वर्गवास हो चुका था जिसके बाद पवई का वह फ्लैट उन्होंने बेच दिया था। दूसरी खास बात ये थी कि सरन अंकल को हल्का सा पैरालिसिस अटैक हुआ था, जिसकी वजह से उनको हल्का बोलने और साधारणतया चलने में परेशानी होती थी, खैर हम लोगों ने अंकल की बहुत सेवा की गर्म पानी से पैर की सिकाई दवा आदि देने से काफी फायदा हुआ, आंटी हम लोगों से बहुत खुश रहतीं, मैं और अनूप उनके साथ बेटों की तरह रह रहे थे। अचानक कुछ दिन बाद पता चला कि एक नेपाली महिला ने सरन अंकल पर जादू- टोना करवाकर वश में कर लिया है, उसको पैसे की हवस थी, उस महिला ने अंकल को बहुत लूटा कई बार अंकल के साथ उस चुड़ैल के घर मेरा आना जाना भी हुआ, पवई स्थित उस नेपालिन को अंकल ने अपने पैसों से मकान खरीद के दिया एक हान्डा सिटी चार पहिया

गाड़ी और न जाने क्या-क्या सब अंकल के पैसों का था। पांच- पांच जबकि अंकल के पास तमाम चार पहिया गाड़ी होते हुए भी उनका प्रतिदिन का नियम था कि रोज सुबह उठकर मेरे साथ ऑटो से उस नेपालिन के घर जाते वहां पहुंचने के पहले दूध ब्रेड, मक्खन अंडा सब खरीदकर उसके घर पहुंचाते फिर उसी घर से तैयार होकर बाहर निकलते, जबकि मैं अंकल के ऑफिस जाकर बैठा रहता। धीरे-धीरे पता लगा कि ऐसे जाने कितने लोगों को सरन अंकल ने घर दान में दे दिया। भले ही मेरी दूर की रिश्तेदारी थी फिर भी उन्होंने पवई में एक जगह हमको भी दिया बिजनेस स्टार्ट करने के लिए, मैंने वहां करीब में ही टिफिन सर्विस चलाने वाले एक शख्स जैदी साहब के साथ मिलकर अपनी जगह पर टिफिन सर्विस चालू कर दिया हीरानंदानी के बड़े-बड़े ऑफिसों में भी मेरा टिफिन जाता, इसके अलावा शाम को ऑफिस के बाहर स्थान पर बिरियानी कॉर्नर खुलवा दिया अच्छा खासा बिजनेस चल रहा था, अनूप हमेशा मेरे साथ रहता, अंकल ने हम लोगों से भी वादा किया था कि हम लोगों को भी कुछ प्रॉपर्टी देंगे, अंकल के दुकानों का भाड़ा मैं ही वसूल करता, उन्होंने मेरा परिचय सबसे करा दिया था। सब कुछ सही चल रहा था। इसी बीच अनूप के घर वालों ने उसको लखनऊ भेजने के लिए आफत मचा दिया, उसकी माँ बीमार हो गई घर में रोना-धोना मचा हुआ था, अनूप को मुम्बई आए दो साल से ऊपर हो चुका था।

उसके घर वालों को पता न था कि यहां हम लोग क्या कर रहे हैं, मुझ पर विश्वास करके ही अनूप को मेरे साथ भेजा था, यहां हम लोग सफल भी होते जा रहे थे। अंततः घरवालों की जिद के

चलते मैंने अनूप को वापस लखनऊ भेज दिया। उसके जाने के कुछ दिन बाद अंकल के अकाउंट से काफ़ी रुपये गायब होने लगे, अक्सर मैं उनके साथ रहता था, परंतु नेपालिन महिला के घर पर वो अपना बैग भी साथ लेकर जाते जिसमें चेक बुक रहती। उन्ही में से कुछ चेक निकल जाते, फिर इन्हीं चेक के ज़रिये बैंक से पैसे गायब हो रहे थे।

अभी ये सब पता चल रहा था कि अचानक एक दिन मुझको फोन आया कि तुम यहां से चले जाओ नहीं तो बुड्ढा अर्थात अंकल को मार देंगे। यह सुनकर एक पल के लिये मुझे घबराहट तो हुई, मैं जानता था कि ये सब पैसा लूटने वालों में से किसी का फोन होगा वह शख्स नहीं चाहता था कि मैं अंकल के साथ रहूं, जब ये बात अंकल को बताई तो उन्होंने इसे गंभीरता से न लेकर हंसी में टाल दिया, धमकी का यह सिलसिला थमा नहीं, आखिरकार अकेला होने के कारण मजबूरी में मुझे लखनऊ वापस आना पड़ा, मुझे डर था कि यदि अंकल को कुछ हुआ तो सारा इल्जाम मेरे सिर आएगा। मेरी बहन की रिश्तेदारी में अलग थू-थू होगी, तो अंकल से 10000 रुपये लेकर मैं वापस लखनऊ आ गया, मेरा यह फैसला गलत था सही ये तो नहीं जानता, परंतु मेरी आत्मा ने जो कहा वह मैंने किया, जो भी हुआ ऊपर वाले की मर्जी से क्योंकि ऊपर वाले की मर्जी के बगैर एक पत्ता भी नहीं हिलता, हम तो इंसान हैं आज भी कई लोगों का कहना है कि यदि हम वहां रुके रहते तो आज लाखों- करोड़ों के मालिक बन जाते, किंतु इन सब भ्रान्तियों से दूर मैं भी अपने कर्म और भाग्य पर विश्वास रखता हूं।

यह घटना मेरी जिंदगी में एक सपना बनके आया और आंख खुलने पर विलुप्त हो गया। अंकल तो अब इस दुनिया में नहीं रहे परंतु मेरी बहन के माध्यम से पता चला कि दिल्ली से आए भतीजों ने अंकल की बची शेष प्रॉपर्टी आदि को अपने कब्जे में ले लिया। उधर लखनऊ आने के बाद मैं पुनः अनूप के घर पर रुका तत्पश्चात अपने बिछड़े प्यार की तलाश में स्वाति के घर जा पहुंचा लेकिन वहां जाने के बाद जो दिल पे चोट पहुंची, उसके घाव आज भी दर्द सा देते हैं, नहीं भूल सकता वह मनहूस दिन जब आंटी के मुंह से यह सुना कि स्वाति की शादी हो गई, उनको मेरा पता ही न चला, उन्होंने दो साल मेरा इंतजार किया, मात्र दो माह पहले ही उन्होंने स्वाति की शादी कर दी बस यह सब सुनना था कि मैं एक पल के लिए वहां न रुका, आंटी से अंतिम विदाई लेकर बाहर निकला तो मेरी आंखों में गम के आंसू थे। घर पहुंचने के बाद उस रात स्वाति के ख्यालों में ही डूबा रहा- उस दिन दिल से जो आह निकली मैं तड़प के रह गया, और बार-बार दिल से आवाज आई

प्यार के हर मोड़ पर

दिल मेरा तुम तोड़ के

चल दिए हंस के सनम

साथ मेरा छोड़ के

बस यूं ही तड़पते दिन गुजरते जा रहे थे। इन सबके बावजूद मेरा ट्यूशन पढ़ाना नहीं छूटा, आगे बढ़ने के लिए कुछ न कुछ तो करना ही था, स्वाति के चक्कर में मैं मामाजी के यहां

भी जाना भूल गया था, सरन अंकल के यहां से निकलने के बाद चाहता तो वहां भी जा सकता था, लेकिन ध्यान ही नहीं रहा, बस जैसे-तैसे दिन गुजार रहा था। मुझे मालूम था कि मैं अभी अधूरा इंसान हूं, न ही मेरे पास कोई संपत्ति है, और न ही कोई सरकारी नौकरी, बिना नौकरी के छोकरी मिलना भी टेढ़ी खीर है, मुंबई में मेरा फिल्मी कैरियर भी बरबाद हो चुका था। ऐसे हालात में मेरी आत्मा कह रही थी कि मामा जी अब हमें नहीं स्वीकरेंगे, बीच में मुंबई रहते हुए अनूप के साथ और खुद अकेले कई बार मामा जी के पास गया, उनसे मिला भी लेकिन उस समय वो पहले वाला अपनापन नहीं दिखा। मेरे पास अब एक ही उपाय था कि यदि सरकारी नौकरी मिल जाए तो अपने रिश्ते के लिये सीना तान के खड़ा हो सकता था आज लोग पहले सरकारी दामाद को तवज्जो देते हैं, उसके बाद प्राइवेट में अच्छा पद, अच्छी सैलरी पाने वालों को ही दुनिया समाज में पूछा जाता है।

मेरे मन में यही कसक घर करता जा रहा था मेरा घर बिक गया, मैं अनाथ हो गया आज दूसरे के घर पड़ा हूं, अपने दिमाग को झकझोरा तो ध्यान आया अपने मां-बाप का जिन्होंने कैसे-कैसे संघर्ष करके नाम कमाया अपने पद प्रतिष्ठा का मान- सम्मान बढ़ाया। मां नेता थी तो पिताजी पुलिस अधिकारी (C.I.D) वो भी राष्ट्रपति पुरस्कार से सम्मानित ये सब सोचकर मेरी आत्मा धिक्कारती रहती कि आज तू किस हाल में है -तरस आता है तुझ पर, इसी प्रकार खुद से प्रश्न पूछता कि मैं क्या करूं। आखिर मेरे प्रश्न का उत्तर मिला- कोशिश करो शायद मिल जाए- अब मेरे क्या का उत्तर आगे था।

उसी दिन मैंने नौकरी हेतु तत्कालीन कांग्रेस अध्यक्ष माननीय सोनिया गांधी जी के नाम प्रार्थना पत्र तैयार किया– इस प्रार्थना में अनुकंपा (कंपनसेटरी) के आधार पर एक सम्मानित अधिकारी के सुपुत्र के रूप में नौकरी की मांग की। इस संदर्भ में दिनांक 10 सितंबर 2007 को नई दिल्ली कांग्रेस कार्यालय में उपस्थित हुआ। माननीय सोनिया जी से मेरी मुलाकात न हो पाई, मेरी मां के पिछले रिकॉर्ड के आधार पर तथा पिताजी द्वारा प्राप्त राष्ट्रपति पुरस्कार की गरिमा रखते हुए सोनिया जी की प्रमुख सचिव सुश्री अर्चना डालमिया जी ने तत्कालीन गृहराज्यमंत्री माननीय श्री प्रकाश जायसवाल जी को मेरी नौकरी हेतु आदेश पत्र जारी किया जिसमें स्पष्ट लिखा गया कि गिरीश चंद्र श्रीवास्तव अर्थात मुझको दयालुता के आधार पर नौकरी दिया जाए, उपरोक्त समय कांग्रेस की सरकार सत्ता में थी, और मुझे पूर्ण विश्वास था कि जल्द ही मुझे सरकारी नौकरी मिल जाएगी, इस संबंध में मैं व्यक्तिगत रूप से मिलने हेतु माननीय गृहमंत्री जी के कानपुर स्थित आवास पर भी गया, यद्यपि गृहमंत्री कार्यालय से पुनः एक आदेश– निदेशक उत्तर प्रदेश सतर्कता अधिष्ठान कार्यालय भेजा गया, मैं वहां भी गया नौकरी के संबंध में मुझसे धैर्य रखने को कहा गया, और यकीन दिलाया गया कि जल्द ही कार्रवाई होगी, मैंने साल भर इंतज़ार किया परन्तु कोई नतीजा न निकला।

पुनः मैं ने फिर से माननीय गृह मंत्री जी से गुहार लगाई, जिसके चलते गृह मंत्री कार्यालय से रिमाइंडर भेजा गया लेकिन अंततः कोई निष्कर्ष न निकला, बल्कि एक कर्मचारी ने मुझसे कहा यहां लाखों देकर भी नौकरी नहीं मिल रही है, तुम व्यर्थ समय

बर्बाद कर रहे हो। उसकी बातें सुनकर मुझे गुस्सा तो बहुत लगा लेकिन मैं शांत रहा और कहा सरकार की कोई वैल्यू नहीं है क्या? गृह मंत्री जी ने जब आदेश दिया है तो काम होना चाहिए, गृह मंत्री के आदेश की अवहेलना भी की गयी। औफ़िस से निकलने के बाद मुझे उस कर्मचारी की बातों में कुछ सच्चाई सी नजर आई। वास्तव में इतने दिनों से मैं मंत्री साहब के दफ्तर से लेकर कार्यालय तक चक्कर काट रहा था, पर मैं भूल गया था कि मैं कभी एक नेता का बेटा था, पर आज सर्वस्व लुटा के बैठा हूं।

जाने कितने लोकप्रिय नेताओं ने इस भारत भूमि पर जन्म लिया और अपने महान कार्यों तथा प्रतिभा के बल पर देश को नई दिशा देने में पहले भी और आज भी निरंतर प्रयासरत हैं कि हमारे देश का उत्थान कैसे हो, ऐसे महान नेताओं को मेरा शत-शत नमन- मुझे गर्व है कि भारत भूमि में मैंने जन्म लिया, इसी मिट्टी में पला बढ़ा लखनवी तहजीब ने मेरे आदर्शों को कभी डिगने न दिया। एक अनुशासित अनुशासित स्कूल (C. M. S) में शैक्षिक अध्ययन जिसने मेरे व्यवहारिकता में कमी होने न दी।

अब तक कार्यालय से मैं काफ़ी दूर निकल आया था रास्ते भर मेरे दिमाग में एक प्रश्न बार-बार आ रहा था, कि दूसरों की सेवा के लिए दिन-रात खड़ा रहने वाला इंसान, जाने कितने विभागों में लोगों का हाथ पकड़वर काम करने वाला ये शख्स इतना कमजोर कैसे हो गया है? उत्तर यही था कि वक्त और हालात इंसान को खोखला कर देते हैं। लेकिन मैं कमजोर नहीं बनना चाहता था, मैं उसी वक्त घर की बजाय महानगर पुलिस रेडियो स्टेशन गया वहां से मुझे I. T. I. की डुप्लीकेट मार्कशीट लेनी थी क्योंकि घर

के पिछले अस्त-व्यस्त माहौल में कई जरूरी कागजात, मार्कशीट सर्टिफिकेट, बुरे वक्त की भेंट चढ़ गए। I.T.I. सर्टिफिकेट के जरिए मुझे अच्छी कंपनी में जॉब मिल सकता था, लेकिन बदकिस्मती से यह भी न हो सका। मुझे मार्कशीट नही मिल पाई। माननीय न्यायालय द्वारा उपरोक्त I.T.I. प्रशिक्षण प्रतिबंधित कर देने के फलस्वरूप मुझे मार्कशीट की द्वितीय प्रति भी न मिल पाई।   मैंने अपने प्रशिक्षणकर्ता (Instructor) से बहुत अनुनय- विनय किया किंतु वे भी असमर्थ थे प्रपत्र कार्यालय कोर्ट द्वारा सीज कर दिया गया था। अंततः मैं थक- हार कर वापस घर आ गया।

वक़्त और हालात से मजबूर दिन पर दिन कमजोर होता गया, इसी बीच कुछ दिन बाद मेरे पुराने दोस्त अनुराग श्रीवास्तव से मेरी मुलाकात हुई जिसके साथ मैंने काफी पहले टीवी का बिजनेस पार्टनरशिप में किया था, वह हाउसिंग लोन के संबंध में बैंक जा रहा था, इत्तेफाक से मैं भी साथ हो लिया, केनरा बैंक द्वारा स्पोन्सर्ड (Sponsored) कैन फिन होम्स लिमिटेड के प्रबंधक श्री आर एस प्रभु जी से हम लोगों की मुलाकात हुई, लोन के विषय में मेरे मित्र की बात फाइनल हो गई, सरकारी नौकरी ऊपर से बैंकिंग रिकॉर्ड भी अच्छा इसलिए मैनेजर साहब को कोई दिक्कत न थी, फिर भी बात ही बात में उन्होंने सरकारी विभाग गन्ना संस्थान में कार्य करने अवधेश मिश्रा नाम के व्यक्ति के बारे में बताया जिसने उपरोक्त बैंक से लोन करा रखा था, करीब दो साल से ऊपर उसकी किश्त बकाया थी, इस संबंध में जब बैंक का कोई कर्मचारी जब उसके घर वसूली के लिये जाता तो उसका बेटा गैस सिलेंडर निकाल धमकी देता कि हम खुद भी मरेंगे और तुम

लोगों को मार देंगे यदि कोई नोटिस चस्पा करता तो तुरंत फाड़ देता- कुल मिलाकर प्रभु जी ने अपनी लाइफ में ऐसा पहला केस देखा था, वो बेचारे थक हार कर अपने स्टाफ के साथ वापस लौट आते, प्रभु जी की बातें सुन मुझे मन ही मन हंसी आ रही थी। मैंने उनसे कहा ''सर आप मुझे मिश्रा का पता दे दीजिए- मैं तीन दिन में उसको आपके सामने खड़ा कर दूंगा'', मेरी बात सुनकर प्रभु जी हंसते हुए बोले ''जब हम लोग कुछ नहीं कर पाए तो तुम अकेले क्या कर सकते हो?''

इस बात पर मैंने विश्वास दिलाते हुए आखिरकार प्रभु जी से अवधेश मिश्रा का पता ले लिया। मुझे क्या सबको मालूम है कि यह दुनिया विचित्र और महान प्राणियों से भरी है, मिश्रा का बेटा भी ऐसे विचित्र प्राणियों में से एक था, दूसरे दिन मैं और अनूप बाइक से मिश्रा के दरवाजे पर पहुंच चुके थे, घर की बेल बजाने पर हम लोगों के स्वागत सत्कार के लिए अवधेश मिश्रा का बेटा सामने आ चुका था। मैंने अपना परिचय देते हुए जब कैन फिन होम्स का नाम लिया तो वह भड़क उठा- लेकिन मैं डरा नहीं बल्कि उससे दोगुनी तेज आवाज में समझाते हुए विश्वास दिलाया कि मैं तुमसे पैसे लेने नहीं आया हूं, बल्कि और चाहिए पैसा तो मैं दिलवाऊंगा, दूसरे बैंक से बस दस मिनट का समय दो, पैसा मिलने के नाम से वह हम लोगों को घर के अंदर ले गया, फिर मैंने अपने हिसाब से ऐसी स्कीम बताई कि दूसरे दिन ही अवधेश मिश्रा और उसका बेटा कैन फिन होम्स में प्रभु जी के सामने थे, उस समय मैं भी वहां था, दरअसल मिश्रा अपना मकान बेचना चाहता था, लेकिन कोई खरीदार नहीं मिल रहा था, क्योंकि मकान काफी सकरी गली

में था, मैंने मिश्रा को विश्वास दिलाया कि तीन-चार महीने रुके रहिए मैं स्वयं मकान ले लूंगा, इस उद्देश्य से मैंने अवधेश मिश्रा को रुपये 70,000 मकान के एवज में दिया था, जिसकी लिखा पढ़ी भी हुई किंतु अफ़सोस वह पेपर मुझसे गिर गया कि क्या हुआ, मुझे नहीं मालूम्। जब सबूत ही नहीं रहा मेरे पास तो मैं क्या कर सकता था। मिश्रा को बहला-फुसलाकर मैंने कुछ बकाया राशि बैंक में जमा करवा दिया, यह मामला निपटने के बाद मेरी लॉटरी खुल गई उस समय जाने कितने बैंकों में हाउसिंग लोन के लिए प्रतिस्पर्धा सी रहती मुझे इसका फायदा मिला, हाउसिंग लोन के लिए मेरे पास कस्टमर की कमी न थी, मैंने साफ-सुथरे केस उपरोक्त बैंक से कराए बदले में मुझे कस्टमर से थोड़ा बहुत कमीशन- खर्चा पानी मिलने लगा।

अनूप का घर अभी तक जर्जर अवस्था में था,, मैंने अनूप के मां बाप के नाम भी तीन लाख का लोन कराया, देखते-देखते अनूप के घर की रौनक ही बदल गई, इसके साथ अपनी सारी कमाई अनूप व घर वालों पर खर्च करता जा रहा था। इसी बीच मेरी बहन व जीजा जी को किराए के मकान की जरूरत थी, यूं तो जीजा के नाम खुद का मकान है, लेकिन आसपास का माहौल अच्छा ना होने के कारण वे लोग स्वय के मकान में नहीं रहते हैं सो शुरू से वो लोग किराए पर रहते आ रहे हैं,

फिलहाल मेरी कहानी में अब नया नाटकीय मोड़ आने वाला था- जिसका मुझे तनिक भी एहसास न था इसे इत्तेफाक कहा जाए या ऊपर वाले द्वारा बनाया गया चक्रव्यूह, जिसमें मैं फंसने जा रहा था, विधि का विधान और होनी अनहोनी सब ऊपर वाले के हाथ

है। कुछ लोगों का मानना है कि मृत्यु के बाद कर्मों का फल ऊपर वाला देता है, लेकिन मेरा मानना है कि अच्छे- बुरे सारे कर्मों का दंड इंसान इसी धरती पर ही भुगतता है। कर्मानुसार मनुष्य को योनि प्राप्त होता है। अब क्या सही- क्या गलत इन उलझनों में फंसने की बजाय हम अपनी अगली उलझन की ओर बढ़ते हैं।

संयोगवश मेरे अर्थात अनूप के घर के ठीक सामने का मकान खाली था जो मैंने अपनी बहन व जीजा जी को किराए पर दिलवा दिया, मैं अनूप के यहां रहता तो बहन मेरे सामने मकान में रहतीं, अब आमना-सामना तो होना ही था। मेरी बहन को अनूप के यहां मेरा रहना अच्छा नहीं लग रहा था, इसी बीच अचानक मेरी शादी के लिए रिश्ता आया, जोकि अनूप के घर से काफी नजदीक था, और कुछ लोग दो दिन बाद मुझे देखने के लिए आ रहे हैं रिश्ता तय करने के लिये।

मेरी बहन ने मुझको अपने यहां ऊपर एक कमरा दे दिया, मुझे अनूप के यहां से शिफ्ट होकर बहन व जीजाजी के मकान में जाना पड़ा। मैं अभी शादी नहीं करना चाहता था, फिर भी बहन के दबाव में आकर मुझे हामी भरनी पड़ी। दो दिन पश्चात मेरे भावी ससुर अपने छोटे भाई को साथ लेकर मेरे घर पधार चुके थे मुझसे पूछताछ करके मेरा इंटरव्यू लेकर संतुष्ट हो वे लोग चले गए। फिर तीन-चार दिन बाद मेरी बारी थी लड़की देखने की सो मैं भी लड़की वालों के घर गया, वहां लड़की तो मैंने देख ली, लड़की देखने के बाद मुझे मेरे सपने टूटते नज़र आये, मुझे रिश्ता पसंद न था, मैं घर आकर फूट-फूटकर रोया, लेकिन बहन ने कसम देकर धमकी दिया कि अगर शादी नहीं करोगे तो जान दे दूंगी, मरता क्या न

करता, विवश होकर मुझे इस शादी के लिए हामी भरनी पड़ी। मेरी बहन व जीजाजी ने अपने नजरिए से सोचा था कि मेरी शादी कर दें तो मेरा घर बस जाएगा उनको खानदान अच्छा लगा। हमारे भावी ससुर कोर्ट में पेशकार थे। मेरी ज़िन्दगी की एक ही चाहत थी कि मुझे सुंदर पत्नी मिले- परंतु ऐसा हो न सका।

शुभ मुहूर्त देखकर मेरी शादी तय हो गई, 21 नवंबर 2008 का वह अशुभ दिन भूल नहीं सकता जब धूमधाम से मेरी शादी संपन्न हुई, किसी तरह दिन गुजरते जा रहे थे। मेरे दोस्तों को मेरी हालत पर तरस आ रहा था, अभी मैं किराए के मकान में रह रहा था, जबकि शादी तय होते ही मैं अपनी बहन के घर से अलग- उत्तर प्रदेश आवास एवं विकास परिषद में संपत्ति प्रबंध अधिकारी श्री एस के मिश्रा के यहां बंगला नुमा घर में शिफ्ट हो गया था, शादी संबंधित सभी कार्यक्रम इस घर से ही संपन्न हुए। मेरा हाउसिंग लोन का काम चल ही रहा था। इसी बीच कुछ दिन पहले कानपुर से आए तीन भगोड़े अपराधी क्रमशः संजय सिंह विनय सिंह और सूरज सिंह, इन लोगों को जाने कैसे मालूम हुआ था कि मैं लोन करवाता हूं, इस चक्कर में उन लोगों ने मुझसे 5 लाख का फर्जी लोन करवाने के लिए दबाव डाला, न गारंटी ना ही कोई प्रॉपर्टी भला मैं कैसे लोन करवाता, फर्जी काम मेरे वश से बाहर था, वो लगातार मेरे पीछे पड़े रहे, कि मैं चाह जाऊंगा तो सब करवा दूंगा, जब उन लोगों ने देखा कि मैं उनका काम नहीं कराऊंगा, तो वे सब बदमाशी पर उतर आए, मुझे बहाने से अपने अड्डे पर बुलाया और बातों ही बातों में रिवाल्वर निकाल के सामने तान दिया, बंदूक की नोक पर मुझे धमकी दी और सोचा मैं काम करा दूंगा, अपनी

जान बचाने के चक्कर में उन लोगों से मैंने हामी भर के मैं वहां से निकल तो आया उनके खिलाफ थाने में शिकायत भी दर्ज कर दिया था जिस पर वे सब बौखलाए मेरे घर के आसपास मंडराने लगे मुझे भनक लग चुकी थी यह सब बातें जब घर में पता चली तो घर में दहशत सा छा गया, मैं बाहर निकलकर उन लोगों का सामना करना चाहता था, किंतु किसी ने भी मुझे घर से निकलने न दिया, मुझे अपनी मौत का कोई खौफ ना था मैं किसी तरह उन लोगों से मामला सुलझा लेता लेकिन मेरे साथ घर के सभी लोग दरवाजे खिड़कियां बंद करके नजर बंद हो चुके थे।

शाम को मेरे ससुर साहब को जब यह सब पता चला तो वे हम सब को वहां से अपने घर ले गए उसी दिन उन्होंने अपना सारा सामान जो दहेज में दे रखा था, वापस ले लिया और मुझसे कहा कि 5-6 महीने आराम से सारे मामले अपने निपटा लो, फिर मेरी बेटी को ले जाना। मुझे गुस्सा तो बहुत आ रहा था लेकिन मैं बेबस था कुछ कह नहीं सकता था, अपनी बेटी का घर खुद ही उजाड़ा था मेरे ससुर ने, यही सच्चाई थी मेरे जीवन की, एक ऐसा कड़वा सच जिसे हर कोई हज़म नहीं कर सकता, फिर आगे जो हुआ वह शर्मसार और मेरे जीवन और मेरे भविष्य को कलंकित करने वाली वह घटना जिसे मैं आज दुनिया के सामने लाने जा रहा हूं इस घटना की अभिव्यक्ति कैसे करूं कुछ समझ नहीं आ रहा, एक लेखक होकर भी उस अकल्पनीय घटना को याद करता हूं तो आंख सी भर जाती है लेकिन सत्य से कभी मुंह मोड़ा नहीं जाता इसलिए सब कुछ बयान करना मेरी मजबूरी है यूं घुट घुट कर दिल में बहुत बोझ लिए पिछले 10 वर्षों से ज्यादा इंतजार किया अपने

जीवन में लगे इस दाग को कैसे धोया जाये? एक लेखक का दिल कितना नाजुक होता है इसका एहसास और दर्द वही समझ सकता है जो ऐसे दौर से कभी गुजरा हो और मैं वह गुजरा हुआ कल हूं जिसने जिंदगी और मौत सुख-दुख और अमीरी गरीबी सब कुछ इतना करीब से देखा इसी परिवेश में पला बढ़ा कि अब न जीने की खुशी है न मौत का गम – फिर भी जिए जा रहा हूं – गम के आंसू पिए जा रहा हूं।

क्रमश: मेरी कहानी आगे बढ़ती है- उस रात अपने ससुराल से निकलने के बाद मेरा मन अशांत था दिल में उलझन, माहौल भी गरम था, मैं अनूप को साथ लेकर इलाहाबाद चला गया, वहां से मैंने एक पत्र अपने ससुर जी के नाम लिखा, जिसमें हमने जिक्र किया था, कि मेरी इस हालत के जिम्मेदार आप हैं, मेरा बना बनाया घर उजाड़ दिया, यद्यपि उन्होंने उन अपराधियों के पक्ष में यह बात कही थी कि उन लोगों का लोन करा दिए होते तो ये दिन न देखना पड़ता, इसके बाद 24 जनवरी 2010 की वह मनहूस शाम थाना ऐशबाग – C.O. ऑफिस में मैंने पुनः अपना बयान दर्ज करवाया, सुरक्षा हेतु एक प्रार्थना पत्र की प्रति भी वहां जमा कर दी, अब मैं स्वयं को बहुत हल्का महसूस कर रहा था, मेरे अंदर से उन अपराधियों का भय भी लगभग समाप्त हो चुका था। C.O. ऑफिस से निकल मैं अनूप के घर गया, मैंने सोचा थोड़ा रुककर अपने ससुराल में भी हालचाल ले लूंगा लेकिन ससुराल ने मेरे खिलाफ़ भयंकर षडयंत्र रचा हुआ था। मुझे तनिक भी एहसास ना था कि हम पर बिजली गिरने वाली है, मैं बेफ़िक्र होकर अनूप के साथ घर के बाहर बैडमिंटन खेल रहा था, ठीक उसी समय थाना

तालकटोरा की पुलिस आई और मुझे व अनूप को पकड़ के थाने ले गई, रात भर मुझे वहां रखा गया, मेरी बहन व जीजा सुबह थाने आ चुके थे, बाहर क्या हो रहा था, और क्या हुआ मुझे कुछ नहीं मालूम? अनूप को उसके घर वालों ने थाने पर पैसा देकर छुड़वा लिया, लेकिन मुझको मेरी पत्नी व ससुर ने फंसा दिया था। फिर मेरे साथ वो हुआ जिसकी कल्पना मैंने सपने में भी नहीं किया था।

उसी दिन अर्थात 25 जनवरी मेरे लिए काला दिवस + कालदिवस साबित हुआ। दहेज- प्रथा के झूठे केस में फंसा कर मुझे जेल भेज दिया गया। उस दिन का वह दर्दनाक मंजर-- रोती- तड़पती आंखें दर्द भरी चीख- एक दोस्ती का वह रूप भी सामने था जब अनूप भी इस मजबूर- लाचार दोस्त की हालत पर बिलख 2- कर रोते हुए अपना सिर पटक रहा था, घर के लोग उसे - बार संभालने की कोशिश कर रहे थे, उस दिन की घटना जिंदगी भर के लिए मेरे मन मस्तिष्क पर घर कर गई। मेरे खानदान- परिवार क्या रिश्तेदारी में भी आज तक कोई जेल की दहलीज नहीं पार किया पर मैंने वह सीमा रेखा आज पार कर दी थी, वो भी बिना कसूर के, मेरी आंखें खुल चुकी थी पहली बार अनुभव हुआ और इस ज्ञान की प्राप्ति हुई कि कैसे एक बेगुनाह इंसान को गुनाहगार बनाया जाता है।

ये मेरा भाग्य था या दुर्भाग्य कि उस दिन मुझे आत्महत्या का मौका न मिला वर्ना ऐसी जिल्लत भरी जिंदगी से मर जाना बेहतर समझता था- लेकिन विधि का विधान मुझे यह जलालत झेलना ही पड़ा, एक चोर का बेटा अगर चोरी में अंदर जाए तो अफसोस नहीं लेकिन एक सम्मानित पुलिस अधिकारी का निर्दोष

बेटा जेल गया तो इसमें अपमान सा महसूस होता है, फिर भी अब होनी को कौन टाल सकता था?

उस शाम जेल के सारे नियमों का पालन व औपचारिकताएं पूरी करते हुए मैं एक नई दुनिया में प्रवेश कर चुका था, अब तक मेरे आंसू सूख चुके थे, लेकिन हृदय की पीड़ा से अभी तक मेरे अंदर छटपटाहट सी थी, अजीब माहौल, और अजनबी लोग जिनके बीच मैं पहुंच चुका था, मेरे पीछे अभी भी आने वालों की लाइन लगी थी हर आधे घंटे में कोई नया मुर्गा आता रहता, मुझे सही तो याद नहीं, शायद उस जगह को कोराटीन कहते हैं जहां नये विचाराधीन कैदियों को लाया जाता है। आरोप सिद्ध हो जाने पर उन कैदियों को अलग-अलग बैरक में रखा जाता है। तब वे मुलजिम से मुजरिम बन जाते हैं।

फिलहाल में मुलजिम था एक विचाराधीन कैदी, मैं एक कोने में बैठा वहां की गतिविधियों पर नजर जमाए हुए था, रात में वहां खाना बांटा गया मैंने भी खाया और वहां के समयानुसार सो गया, कल का मुझे कुछ पता न था, जबकि सुबह 4:00 बजे अंधेरे में ही सब को उठा दिया गया, फिर सब की गिनती हुई, उसके बाद मैदान में घूमने छोड़ दिया जाता, तत्पश्चात फिर सुबह सात बजे के आसपास चाय नाश्ता इसके बाद जहां रसोईघर था, वहां पुराने लोग और कुछ सजायाफ्ता मुजरिम मिलकर खाना बनाते, ऐसे ही सब जेल के नियम कानून बनाए गए थे।

जेल के अंदर की काफ़ी जानकारी एकत्र कर चुका था, जेल के अंदर सबसे बदतर हालत बलात्कारियों की होती है फिर चोरी

करने वाले की जिनको सब मारते व दुत्कारते भी थे जबकि सबसे इज्जतदार कैदी हम जैसे दहेज प्रथा के लोग, जिनको वहां के रहने वाले लोग भी जानते हैं, कि यह बेचारा जरूर फंसाया गया है। फ़िलहाल मेरा गणतंत्र दिवस 26 जनवरी वहीं बीता सबको पूरी हलवा बांटा गया, मेरा दूसरा दिन बहुत गम में बीता, इस गम को कम करने के लिए मैं अपना साथी तलाश कर रहा था, क्योंकि चुप्पी साधे रहने से कोई फायदा नहीं था, सो मैं वहां का अनुभव लेने के लिए कुछ अच्छे दिखने वाले लोगों के बीच गया। हमारी मुलाकात इटावा के एक आयकर अधिकारी से हुई जो घूसखोरी में अंदर आए थे, दूसरे एक शिक्षक महोदय, जिनको गबन के आरोप में फंसाया गया था, इसके अलावा भी और दो तीन शख्स थे, जिनसे मेरी जान पहचान हो गई थी।

जेल के अंदर भी पैसे का खेल था जितना ज्यादा पैसा उतना खाने पीने की सुविधा ऐशो आराम, चाय कैंटीन, सैलून, दवा खाना सबकुछ सुविधा जेल में उपलब्ध थी, पर मुझे इन सब से क्या लेना देना था, मैं तो प्रतिदिन अपने घरवालों की प्रतीक्षा कर रहा था कि हम से मिलने कौन आता है, रोज दोपहर में निश्चित समय पर नाम पुकारा जाता जिन से मिलने के लिए उनके घर वाले, या रिश्तेदार, नातेदार आते हैं, दूसरे दिन मेरी बहन व जीजा भी मुझसे मिलने आए, उन लोगों के आंसू देख कर मेरे आंसू भी छलक पड़े थे, मैं फूट-फूटकर रोया- ऐसी विषम परिस्थितियों का वर्णन भी मेरे वश से बाहर है, मेरी कलम चलते- चलते कई बार रूकती है, उन अतीत की यादों से बरबस मेरे आंसू छलक जाते हैं, फिर भी उन यादों को समेटे हुए आगे बढ़ना मेरी मजबूरी है,

अनूप और उसके पिताजी, मेरे भैया भाभी, सभी लोग बारी-बारी से मुझसे मिलने आए थे।

जेल के अंदर बहुत लोगों ने मुझको अपने कांटेक्ट नंबर दिए पता दिया, पर मैंने जेल की दोस्ती जेल तक रखी, सिवाय एक साथी राकेश श्रीवास्तव जो काफी मिलनसार था, मैंने उसका पता लिया, जेल से छूटने के काफी महीनों बाद मैं राकेश और उसके परिवार वालों से मिला, अकबरपुर के एक छोटे गांव में उस शख्स का घर था।

दो माह बाद जेल से मेरी रिहाई 24 मार्च सन 2010 को हुई, मेरे भाई साहब की साली ने जमानत ली, खास रिहाई का वह दिन मेरे लिए बहुत खुशी का दिन था मेरे भाई साहब व भाभी दोनों लोग मुझे लेने के लिये जेल के बाहर खड़े प्रतीक्षा कर रहे थे, उस दिन मेरी आंखों में खुशी के आंसू थे, मुझे लगा कि अभी मेरी परवाह के लिए घर के लोग हैं, वह सीन मुझे याद आता है- जब जेल से बाहर निकलने के पहले हाथ की कलाई पर बड़ा सा स्टांप मोहर मारकर रिहा किया जाता है, मेरे हाथ पर भी उस मोहर के निशान थे, मैं स्टेशन के पास सुलभ कांप्लेक्स में उस निशान को मिटाने के चक्कर में नहाने गया था, लेकिन वह निशान लाख कोशिश करने पर भी नहीं मिटा। मैं कलाई में दो-तीन दिन रुमाल बांधे रहा।

आगे का कार्यक्रम पहले से तय था भाभी व भैया मुझको अपने साथ बनारस ले गए, भाभी अपने मायके में न रहकर एक कन्या छात्रावास में सुपरवाइजर के पद पर कार्य कर रही थी, उनको

अलग से रहने व खाने की उचित व्यवस्था प्राप्त थी। भाभी मुझे लेकर सीधे हॉस्टल पहुंचीं, इधर मेरे प्रिय ससुर जी ने लगभग एक साल का वक्त दिया था कि थोड़ा फ्री माइंड होकर आगे के लिए सोचूं कि अब क्या करना है? कुछ दिन तक में भैया भाभी के साथ छात्रावास में रहा, वहीं बगल में पिशाच मोचन नाम की जगह जो वर्तमान में भी है, किसी की मृत्यु पश्चात उसके घर वाले मृतक की आत्मा की शांति के लिए श्राद्ध- पितृ तर्पण व पूजा आदि कार्य कराने हेतु इस धार्मिक स्थल पर आते रहते हैं, यहां एक कुंड भी है जिसका जल पूजा, स्नान आदि कार्यों में उपयोग किया जाता है - कुंड के किनारे पर महापात्र अर्थात महा ब्राह्मण लोग अलग- अलग स्थानों पर बैठे रहते हैं, इस स्थान को गद्दी कहा जाता है।

मेरे भाई साहब की जान- पहचान एक गद्दी के मालिक राधेश्याम के छोटे बेटे राजेंद्र कुमार से हो गई थी, जिनका खुद का एक बॉयज हॉस्टल था। राजेंद्र जी को मेरे बारे में सब कुछ मेरे भाई ने बता रखा था सो उन्होंने राजेंद्र कुमार उर्फ भैया जी से मेरी मुलाकात करा दी। इस हॉस्टल में अधिकतर उत्तर प्रदेश के विभिन्न जिलों के छात्रों को रहने व खाने की सुविधा दी जाती।

राजेंद्र जी ने अपनी पत्नी व बच्चों से मुझे मिलवाया, और हॉस्टल में रहने वाले छात्रों से भी मेरी मुलाकात करवाई, फिर नाश्ता- खाना पीना सब कुछ वहीं हुआ मेरी जमकर खातिरदारी हुई मेरा हॉस्टल में रुकने का मन था, करीब तीन-चार दिन तक मैं हॉस्टल रुका रहा। मेरे लिए एक अलग कमरे की व्यवस्था थी। मुझे बहुत अच्छा लग रहा था, कई छात्रों से मेरी अच्छी- खासी दोस्ती हो चुकी थी उन्हीं में दो छात्र जिनका बी. टेक. कोर्स पूरा

हो चुका था। रवि व पवन सिंह नाम के दोनों छात्र जो आजमगढ़ के रहने वाले थे, उन लोगों ने मुझसे अपने गांव आने की बहुत जिद की। जिसके लिये मैंने हामी भर दिया था, इसी बीच राजेंद्र कुमार जी का भांजा मुन्ना भी आया, जो अक्सर हॉस्टल में ही रहता, रवि व पवन से उसकी भी खासी दोस्ती थी।

रवि व पवन का स्वभाव काफी सीधा-साधा जबकि मुन्ना भाई कुछ खुराफाती किस्म के लग रहे थे। फिलहाल 2 दिन बाद रवि व पवन हॉस्टल से जा चुके थे- और मैं भी वहां से निकलकर भाभी के पास पहुंच गया, अब मैं वहां से मुंबई निकलने की तैयारी में था, इस बार अनूप मेरे साथ नहीं था फिर भी दो दिन के लिए वह बनारस आया और मेरे साथ हॉस्टल में रुका, फिर वापस लखनऊ चला गया। जबकि मैं मुंबई निकलने के पहले रवि व पवन से मिलने आजमगढ़ गया, कुछ दिन पूर्व उन लोगों ने मुझसे बोला था कि मुंबई में हमारे लायक कोई काम हो बताना, सो इसी विचार से मैंने उन दोनों से मुलाकात जरूरी समझा।

तत्पश्चात मैं आजमगढ़ से जब मुंबई पहुंचा तो सीधा एक होटल शिव महल (सांताक्रुज) में कुछ दिन काम किया, फिर वहां से बांद्रा बहराम पाड़ा में रहा, एक पूर्व परिचित के यहां रहते हुए मैंने फिर से खुद का बिजनेस प्लान किया। मैं जहां रहता था वहां नीचे एक छोटी सी दुकान खाली था मैंने मकान मालिक जिन्हें नाना जी कहके बुलाते थे उनसे किराए पर मैंने वह जगह ले ली, फिर एक कारीगर रखकर छोटा सा होटल खोला, समोसा, चाय जलेबी वडापाव सब कुछ उपलब्ध था, नाना जी ने हमारी बहुत मदद की उन्होंने तांबे और पीतल के जाने कितने बर्तन दे रखे थे।

इत्तेफाक से इसी बीच चार बंगला शर्मा रेस्टोरेंट के सामने पान की दुकान चलाने वाले एक परिचित ने 1 R. K. फ्लैट की चाबी दे दिया था उसका फ्लैट नालासोपारा में काफी दिनों से खाली था। फ्लैट की चाबी मिल मैंने ये विचार करके रवि और पवन को मुंबई बुलाया, जाने कैसे उनके साथ मुन्ना भी मुंबई चला आया, मुन्ना के आने पर मुझे गुस्सा तो बहुत आया लेकिन मैं शांत रहा मैंने बांद्रा में उन लोगों को अपना बिजनेस (होटल) दिखाया, उन तीनों के रहने की व्यवस्था ऐसी थी कि कभी बांद्रा रुकते तो कभी नालासोपारा। उन लोगों के खाने पीने की मैंने कोई कमी नहीं होने दी, बल्कि सबके लिए मैं रास्ता बना रहा था कि मुंबई में अगर तीन-चार बिजनेस धंधा डालने में सफल हो जाता, कभी किसी को पैसे की कमी नहीं होती, साथ ही आगे बढ़ने के कई रास्ते भी खुल जाते। लेकिन ऊपर वाले को मेरा यह काम भी नामंजूर हुआ।

जिसका मुझे डर था वही हादसा हुआ मुन्ना, रवि और पवन को बहला फुसला अपने साथ वापस बनारस ले गया, उस शख्स ने न खुद काम किया न उन लोगों को करने दिया, उसका कहना था, इतना पढ़ लिखकर वे लोग समोसा, चाय बेचेंगे क्या, मुन्ना की छोटी मानसिकता थी, जबकि मैंने उन लोगों के लिये और जॉब ढूंढ लिया था, इसी बीच ये हादसा हुआ वैसे तो शायद होटल बंद न होता, मुन्ना ने नाना जी के सारे बर्तन भी चोरी करके कहीं बेच दिए थे, और अकेले मैं फंसा, नाना जी ने मेरे व्यवहार पर मुझे छोड़ दिया था, उन्हें मुझसे बहुत हमदर्दी थी, अन्यथा कोई और होता तो जाने क्या हाल होता? इसके बाद मैं नालासोपारा कुछ दिनों तक अपने एक अन्य मित्र के पास रहा। बाद में लखनऊ

• • •

वापस आ गया। यद्यपि कोर्ट में मेरी पेशी होनी थी, पेशकार होने के नाते मेरे केस की चाबी मेरे ससुर के पास थी, वो जिधर चाहे उधर घुमा सकते थे, वैसे बहुत अफ़सोस का विषय है कि भी हमारे देश की कानून व्यवस्था इतनी लचर है, इसका कोई पूसा हाल नहीं मैंने अपनी आंखों से थाने में बिकते दरोगा- पुलिस देखे कानून को खरीदने वाले दलाल देखे मेरे पिछले 2002 केस में जब थाने के अंदर ड्यूटी पर तैनात दरोगा जिसकी आंखों के सामने थाने में बैठे पांडे के वकील और नेता आदि सभी ने मुझ को टॉर्चर किया, ये सब मेरे जीते जागते उदाहरण हैं, फिलहाल गड़े मुर्दे उखाड़ने से अब कोई फायदा तो नहीं, आगे भविष्य में अपने से संबंधित तथाकथित व्यक्तियों से मैं किसी से कोई संबंध नहीं रखता, अब मेरे और उनके रास्ते अलग- अलग हैं ।

एक और कड़वा सच जो हर इंसान को जानना जरूरी है, मेरी बातों में कितनी सच्चाई है, कितना वजन है, इसका आंकलन भी जरूरी है। जेल से निकलने के बाद अधिकतर इंसान बदले की भावना से अक्सर गलत कदम उठाते हैं, उनके ये कदम उनको दलदल में धकेल देते हैं। मेरे भी दिल में बदले की भावना ने उस समय जन्म लेना शुरू किया था, लेकिन मैंने अपने गलत विचारों का अंत कर दिया, एक अच्छे संस्कारिक परिवार के उसूलों और आदर्शों ने मेरी अवधारणा को बदल दिया दुनिया में सबसे बड़ा व कठिन काम है- गलत इंसान और उसकी गलती को झेलना लेकिन ये सब झेलने में इतना परिपक्व हो गया कि मुझे ऐसे लोगों से अब भय नहीं लगता बल्कि तरस आता है उन पर जो अपने स्वार्थ के लिए दूसरों की बलि चढ़ा देते हैं।

वैसे तो पहले भी मेरा उग्र स्वभाव नहीं था लेकिन गलती पर मुझे झुंझलाहट व गुस्सा जरूर आता लेकिन जेल से बाहर आते ही मैं ज़िन्दगी जीना सीख चुका था, अपने क्रोध को पीना अपने गुस्से पर मुझे काबू पहले भी था आज भी है। मैं जानता हूं कि जिंदगी में यदि आगे बढ़ना है, नाम कमाना है, तो अपने क्रोध पर नियंत्रण करना ही होगा। यही सब सोचकर मैं हमेशा अच्छा करने की कोशिश करता रहा भले दुनिया मुझ पर हमेशा आरोप लगाती रही, जाने कितने तिरस्कार मुझे झेलने पड़े, लेकिन मैंने किसी की परवाह न की।

अनूप व उसके घर वालों के लिए जाने क्या-क्या नहीं किया, दो बहनों की शादी में यथासंभव जितना हो सका मदद किया घर बनवाया, मैंने अपने लिए तो कभी कोई पूंजी जमा ही न किया, फिर भी कुछ न करने का आरोप लगता रहा, मुझे अफसोस आज भी होता है कि इंसान क्यों इतना निकृष्ट बन जाता है, घर में ट्यूशन की कमाई लाके देता, ये सब क्या मेरी भूल थी, मैं अपना भविष्य दांव पर लगाके मुंबई से लखनऊ आया, मेरी जिंदगी भी दांव पर लग गई मेरे साथ इतनी घटनाएं घटित हुई, उसका निष्कर्ष क्या निकला मैं एक मुलजिम ठहरा दिया गया। लेकिन अब इन सब बातों का कोई फायदा नहीं–

अब अपनी रामकहानी आगे बढ़ाते हैं, मैं लखनऊ आते ही अनूप के बड़े भाई के घर मड़ियांव चला गया, अनूप के घर तो नहीं जा सकता था। जेल कांड के बाद उस जगह कदम रखने में भी मुझे शर्म आ रही थी, मैंने दूसरे दिन कोर्ट में अपने ससुर साहब से मुलाकात किया जिनके माध्यम से कोर्ट में मेरी पेशी

शुरू हो गई इसी बीच स्वयं को फिर से लखनऊ में स्थापित करने के उद्देश्य से एक किराए का मकान लिया। मैंने कुछ दोस्तों की मदद से अपना कुछ पैसा मिला के माल ढोने वाला चार पहिया वाहन खरीद के फल मंडी में लगा दिया,   आय का साधन होने के बाद, मेरे ससुराल पक्ष ने मुझसे कंप्रोमाइज करना चाहा। कई लोगों के समझाने बुझाने के बाद में समझौते के लिए तैयार हुआ। एक अच्छे होटल में दोनों पक्षों के लोग शरीक हुए उस दिन दोनों पक्षों के बीच काफी वार्तालाप हुआ, लिखित समझौते के लिए मेरे ससुर तैयार न थे। उनका कहना था कि कुछ दिन बेटी साथ रखो बाद में लिखित रूप से समझौता कर लिया जायेगा।

परंतु यह मुझे मंजूर ना था, ऐसे हालात में बिना लिखा पढ़ी मैं कैसे पत्नी रखता अंततः दोनों पक्षों ने तलाक के लिए कोर्ट में अर्जी दाखिल कर दिया अभी चल रहा था कि मेरी गाड़ी के ड्राइवर में एक्सीडेंट कर दिया। जिसे चोट लगी थी वह शख्स तो बच गया, मैं स्वयं उसको देखने बलरामपुर हॉस्पिटल गया उसके बीवी बच्चों से भी मिला स्थिति कोई ज्यादा गंभीर न थी अपितु मेरी गाड़ी सीज होकर कई दिनों तक थाने में पड़ी रही लेकिन सब जानते है कि थाना चौकी एक ऐसी जगह जहां बिना दक्षिणा दिए कोई काम आगे नहीं बढ़ता सो मुझसे भी 30000 रुपये मांगे गए जो उस समय मेरी हैसियत से बाहर था मैं पहले ही कर्जो के बोझ तले दबा था। एक पत्र के माध्यम से मैंने गाड़ी सरेंडर कर दी। लखनऊ में मेरी यूज एंड थ्रो वाली स्थिति हो चुकी थी मैं अपने दुश्मनों से घिरता जा रहा था, सब को मुझसे पैसा और काम चाहिए था, लोग मुझे सोने का अंडा देने वाली मुर्गी समझते थे, इसी संदर्भ

में एक और शख्स जिसने मुझे जान से मारने का असफल प्रयास किया, वह खौफनाक रात मेरे लिए लखनऊ की आखिरी रात थी, मैं नहीं चाहता था कि मैं अपराधी बनूं, मेरे हाथ खून से रंगे, मैं हर अन्याय, हर जुल्म सहता रहा, मुझे मालूम था -कि जिसका कोई नहीं उसका भगवान सहारा होता है और अपने आप में सही तो बाल भी बांका न होगा— " जाको राखे साइयां मार सके ना कोय" इस किंवदंती का अनुसरण मुझमें हमेशा हिम्मत देता रहा, मुझे आगे बढ़ाता रहा।

पांडे के केस तक मेरे अंदर जोश, हिम्मत - दुनिया समाज का सामना करने की ताकत मेरे अंदर कूट-कूट कर भरी थी, कम उम्र में ही मेरे अंदर अद्भुत साहस था परंतु धीरे-धीरे में कमजोर होता गया, क्योंकि आगे हर कदम पर मेरा खुद का निर्णय नहीं होता, अनूप के घरवालों के इशारे पर व अनूप के सहारे मेरी जिंदगी कटती जा रही थी और मैं खुद का निर्णय अपने लिए नहीं कर पा रहा था। यह अलग बात थी कि अनूप ने मेरे दुख में बहुत साथ दिया उसको एकाएक छोड़ देना भी मुश्किल सा हो रहा था, फिर भी लखनऊ की मेरी वह अंतिम कयामत की रात- मैं अपना सब कुछ त्यागकर सारे पेपर- कागजात कपड़ा आदि छोड़ केवल एक जोड़ी कपड़े में उस शख्स के घर से निकल पड़ा जिसे मैं अपना दोस्त और भाई से बढ़कर माना उसी शख्स ने मेरी जान लेना चाहा, में कई दिनों से उसके साथ रहा, फिर भी उसने मेरे साथ बदसलूकी की। अब थाना पुलिस में रिपोर्ट करना फिर झगड़ा लड़ाई यह सब मेरे वश से बाहर था। भोर में मैं चार बजे उस शख्स के यहां से वहां से बिना बताये निकल पड़ा, मुझे कुछ नहीं मालूम था

कि अब कहां जाना है, क्या करना है, एक दोस्त से 200 रुपये उधार लेकर मैं फिर वहां से बनारस निकल गया बनारस में अपने भैया व भाभी से मिला फिर राजेंद्र कुमार जी के हॉस्टल चला गया। यहां मैं बिल्कुल सुरक्षित था।

मैं राजेंद्र कुमार उर्फ़ भैया जी का हॉस्टल संभालने लगा, वहां घर की तरह वातावरण था, सब कुछ मेरे हाथ में होने के बावजूद पैसा नहीं इकट्ठा कर पा रहा था, भैया जी ने भी मुझे काफी दिनों तक अंधेरे में रखा, मेरा घर बसाने का उन्होंने वादा किया, एक दो जगह मेरी बात भी चलाई लेकिन कुछ नतीजा न निकला, करीब दो साल तक मैं हॉस्टल में रहा कभी वहां ऐसे हालात हो जाते कि खाना पकाने वाला रसोइया भी न रहता तो 30-25 लोगों का खाना अकेले दम पर मुझे ही बनाना पड़ता- भूल नहीं सकता वो दिन जब मेरे दोनों पैरों में घाव हो गया चल नहीं सकता- एक पैर में बालतोड़ दूसरे पैर में घाव- घिसट- घिसटकर रोते हुए चलता था, हॉस्टल के छात्र मेरी मदद करते और मैं खाना बनाता कई छात्र बेचारे बाहर जाकर खाना खाते, फिलहाल डाक्टर से इलाज कराने पर घाव तो भर गये लेकिन बीते दिनों की दर्द भरी यादें मेरे दिल में आज भी नासूर बनकर उभरते हैं तो तड़प और बढ़ जाती है वैसे तो मैं शायद पहले ही वह जगह छोड़ देता किंतु बीच ही में भैया जी के पिता का देहांत हुआ फिर बाद में मां भी नहीं रहीं इसलिए मैं चाह कर भी वहां से निकल नहीं पा रहा था, फिर जब हॉस्टल में कॉलेज की छुट्टियां हुई और छात्र भी कम रह गए तो मैंने हिम्मत करके भैया जी से छुटकारा पा ही लिया।

• • • •

वहां से निकलने के बाद मैंने अंतिम प्रयास के रूप में एक जगह किराए पर लेकर खुद का डिनर सर्विस चालू किया- "शगुन डिनर सर्विस" के नाम से मेरा बिजनेस शुरू में अच्छा चला लेकिन बाद में ठप पड़ गया। उस समय ऐसी हालत हुई कि आगे कदम बढ़ाने के लिए मात्र 100 रुपये भी जेब में न थे, मेरी भाभी बनारस से गोंडा जा चुकी थीं, भाई साहब भी वहीं साथ थे। ऐसे हालात में एक परिचित से कुछ रुपये की मदद लेकर मैं इलाहाबाद पहुंचा वहां मैंने अपने सगे मामा की बहू अर्थात मेरी भाभी उनसे मैंने मुंबई तक का टिकट कराने के लिए बोला लेकिन उन्होंने टिकट नहीं कराया, इलाहाबाद में रेलवे कर्मचारी होकर भी उन्होंने मेरी मदद नहीं की- बाद में अपने चचेरे भाई ने 400 रुपये लेकर मैं मुंबई आ गया।

इस बार का सफर भी मेरे लिए यादगार सफर था, क्योंकि टिकट व चाय नाश्ता तथा खाना आदि खाने के बाद मेरी जेब में 50 रुपये बचे थे। रास्ते का सफर मैंने दो बार चाय पी के काट दिया, जब दूसरे लोगों को ट्रेन में खाते पीते कुछ खरीदते देखता तो आंखें नम कर के सिर झुका लेता इस बार मैंने सोच लिया था कि चाहे जितनी प्रॉब्लम हो अब मुंबई से तभी निकलूंगा जब कुछ हासिल हो जाए। " छोड़ आए हम वो गलियां, अपना शहर बेगाने लोग और सारे रिश्ते नाते, सबसे मुझे बैर हो गया, अनूप के साथ-साथ अपने घर वालों का भी परित्याग किया लेकिन अपने तो अपने होते हैं। चाहकर भी अपने घरवालों का त्याग न कर सका।

मुझे पता चल चुका था कि मेरी पत्नी को तलाक मिल चुका है, हमारा रिश्ता नाता उस घर से हमेशा के लिए समास हो गया

अब मैं पूरी तरह स्वतंत्र था न मोहमाया न जग का बंधन बस अब मेरी एक ही दिली इच्छा रह गई थी, नाम कमाना, इंसान पैसा तो बहुत कमा लेता है लेकिन नाम कमाना इतना आसान नहीं फिर भी सच्चे मन से प्रयास करने पर क्या नहीं मिलता।

शायद मेरी किस्मत में सरकारी नौकरी नहीं था,

आवश्यकता आविष्कार की जननी है, इस सूक्ति का गूढ़ रहस्य जिस इंसान को समझ आ गया उसका जीवन सार्थक है। मैं भी अपने जीवन को नई दिशा देना चाहता था, और इस बार भी मुंबई पहुंचा तो, जेब में मात्र 20 रुपये बचे थे दाढ़ी बढ़ी हुई बाल बिखरे, इस हालत में कहीं काम भी नहीं मिल पाता, मुझे यहां रहने का अनुभव पहले से था, इसलिये ज्यादा घबराहट तो नहीं थी, किंतु भूख से व्याकुल पापी पेट को भोग लगाना भी जरूरी था। तत्पश्चात काम की तलाश में अंधेरी से विले पार्ले की ओर पैदल बढ़ता आया रास्ते में सड़क किनारे बैठे नाई अपनी हजामत बनवाई और बिखरे बाल ठीक-ठाक करके पार्ले स्टेशन के पास ही एक होटल बार में काम मांगा भाग्यवश मुझे काम मिल गया, एक वेटर के रूप में कार्य करते हुए फिर से ज़िन्दगी की शुरुआत की मुझको रहने खाने व पैसे की चिंता समाप्त हो गई, कुछ दिन काम करने के बाद मैं वापस मामा जी का हाल खबर लेने जब उनके घर पहुंचा तो पता चला कि मामा जी अब इस दुनिया में नहीं रहे, यह खबर सुनकर झटका सा लगा मुझे प्रतीत हुआ कि मुझसे बहुत कुछ छिन चुका है। मामा जी मेरे लिए गॉडफादर से कम न थे, फिल्म इंडस्ट्री के बारे में इतना कुछ बता दिया था, ऐसी ऐसी जगह ले गए जाने कितने महान हस्तियों से मिलवाया जो मेरे लिए किसी

सपने से कम नहीं, मुझे याद आ रहा था जब रविंद्र जैन जी के साथ किसी प्रोग्राम में गए थे, जहां जगतगुरु शंकराचार्य जी के दर्शन हुए, मैं कृतार्थ हो गया था जब स्वामी जी ने व्यक्तिगत रूप से मुझे आशीर्वाद दिया, वह क्षण अकल्पनीय सा आज भी लगता है। लेकिन ऊपर वाले के आगे भला किसका वश, संसार का सबसे बड़ा सत्य मृत्यु है, जिससे कोई नहीं बच सकता।

मामा जी की यादें संजोए मैं अपने होटल आ गया, उस दिन मामा जी द्वारा गाए गाने के बोल रात भर याद करके मैं भी गमगीन हो गया

''सुन सजनी– सुन सजनी

ऐसा है यह संगम–

तू है प्रीत मेरी

मैं तेरा प्रियतम

अक्सर इस गाने को अक्सर मामाजी मुझे सुनाते थे। यही गाना अपने मोबाइल पर सुनते– सुनते कब मेरी आंख लगी पता ही न चला। मामा जी का अध्याय अब समाप्त हो चुका था, अब जो करना था, आगे बढ़ना सब अपने बलबूते पर। कुछ दिन बाद मैं राइटर एसोसिएशन गया। मुझे राइटर के लिए कार्ड बनवाना बहुत जरूरी था कुछ ही दिन में मेरा कार्ड बन चुका था। इस बीच काफी अरसे से मैंने कुछ भी न लिखा था, दिमाग भी सुस्त सा हो चुका था जैसे दिमाग में जंग सी लग गई हो, मैं अक्सर राइटर एसोसिएशन दफ्तर के चक्कर लगा के चला आता, मैं वहां रखी

फिल्म डायरेक्टरी से कुछ डायरेक्टर- प्रोड्यूसर के नंबर नोट करके उन्हें डायरी में उतार लेता, काफी समय तक मेरा यह खेल चलता रहा, इसी बीच मैं जुहु रुइया पार्क मोरा गांव में संयुक्त रूप से भाड़े पर रहने लगा कुछ दिनों के लिए मैंने होटल पे काम छोड़ रखा था, फिर कुछ दिन बाद दिमाग स्थिर होने पर राजधानी एक्सप्रेस से भी तेज गति से दौड़ना शुरू हो गया, एक ही दिन में 20 गाने, गजल जो मन में आया लिखता गया। पहले एक शायरी ख्याल में आया -

''कुछ लोग मोहब्बत करते हैं

पर हम इस नाम से डरते हैं

अगर भूल से दिल आ जाए

तो छिप-छिप के आहें भरते हैं।

तत्पश्चात - गजल -

''मोहब्बत में तुम कुछ भी

छिपा तो न लेना

हो- किसी और से भी दिल

लगा तो ना लेना -

मानाकि दिल में उठता धुआं

जलता है दिल जलती जुबां -

इसी तरह एक के बाद एक कुछ न कुछ लिखता रहा -

एक बच्चे को जन्म देने वाले मां- बाप अपार कष्ट झेल कर अपनी औलाद को अच्छी परवरिश उच्च शिक्षा देते हैं - तथापि दिन पर दिन आधुनिकता के परिवेश में लिपटा इंसान अपने मां - बाप की सेवा- उनकी कदर करना सब कुछ भूलता जा रहा है, कितना कष्ट होता होगा जो 9 माह कोख में रखकर बच्चे को पालती - पोसती है वही संतान अपने निजी स्वार्थ में अंधे होकर अपने मां-बाप को भूल जाते हैं, कष्ट देते हैं जाने कितनी यातनाओं को झेलने के बाद भी अपने बच्चों के लिए दुआ निकलती है- इसी कड़ी में मेरे द्वारा लिखित यह गीत देश के उन सभी मां-बाप को समर्पित है- मेरी कोशिश है कि बहुत जल्दी इसका वीडियो एल्बम तैयार कर दुनिया के समक्ष पेश करूं - इसकी चंद लाइने प्रस्तुत हैं-

‘‘बड़ी हिम्मत जुटाते मां-बाप

अपना प्यार लुटाते मां-बाप

पैदा करके खून से सींचे

गिरते को उंगली से खींचे

चलना भी सिखाते मां-बाप

बढ़ना भी सिखाते मां-बाप -

बस यूं ही कोशिश करके लिखता जा रहा था,

मेरी जिंदगी का काफी हिस्सा होटल एवं बार में व्यतीत हुआ, हजारों शराबियों - पियक्कड़ों के बीच रहकर भी स्वयं को इस आदत से बचाए रखा, बहुत लोगों ने कोशिश किया कि मैं उन

लोगों की तरह मय के प्याले में डूब जाऊं, उनकी खुशियों और गमों का मैं भी हिस्सेदार बनूं लेकिन अफसोस किसी का ये मंसूबा पूरा न हुआ, आगे बढ़ने की चाहत हमेशा मुझे गलत रास्तों पर जाने से रोकती, अपनी इच्छाशक्ति को हमेशा जागृत रखना, किसी भी परिस्थिति में अपने आप को संयमित रखना आसान नहीं होता फिर भी मैंने कोशिश किया और सफल भी हुआ-

भले टेंशन में रहकर जीता हूं

पर मयखाने में रहकर भी नहीं पीता हूं -

यही मेरी खासियत शुरु से रही।

कोई ना कोई कस्टमर मुझ पर टीका टिप्पणी करता रहता मैं हंस कर टाल देता, सब से मेरा बहुत अच्छा व्यवहार पहले से रहा- किसी को मुझसे कोई शिकायत नहीं इसके विपरीत मुझे शिकायत बस उनसे रहती - जो शराब पीते नहीं थे, बल्कि शराब उनको पी रही थी, पीना बुरी बात नहीं लेकिन खुद का सर्वनाश घर का सत्यानाश - कभी उन लोगों के बारे में विचार करते हुए जो लिखा हुआ बयां कर रहा हूं -

जो मय के प्यालों में डूब जाते हैं

जाने कितने जख्म खा के आते हैं

कैसे कहूं दूं मय का किस्सा ओ साकी

जब जाम न रहा कुछ बाकी

पी के राह मिलती तब ठोकर

खुद को गिरते औरों को गिराते हैं

शर्मो हया से जब झुकती नजर

फिर वो झूठी कसमें खाते हैं

बैठे मयखाने में दिल से कहते

ऐ दिल तेरे ख्वाब क्यूं सताते हैं

जिंदगी गुजरी उनकी ख्वाबों में

सब खोके नहीं कुछ पाते हैं।

इसी कड़ी में मेरे द्वारा रम पर लिखा गया गाना जो रिकॉर्ड हो चुका है, अब एल्बम की भी तैयारी हो चुकी है -

एक बोतल रम

उसमें पानी कम

पी के यारा भूल जा

अपने सारे गम

अभी तक मेरा रुझान सिर्फ गानों की ओर था - आजकल के दौर के कई गाने तैयार किए उनका रजिस्ट्रेशन भी करा लिया- इसी बीच मेरी मुलाकात राइटर एसोसिएशन में आए निरुत्तम यादव नाम के एक स्ट्रगलर राइटर से हुई, वह भी भविष्य में गीतकार बनना चाहता था, हमारी मुलाकात दोस्ती में बदल गई, इत्तेफ़ाक़ था कि वह हमारे पैतृक गांव जौनपुर का निवासी था, और एक दिन हम दोनों बातों ही बातों में पैदल अंधेरी पहुंच गए वहां टाइपिंग के

लिए मैंने कुछ गाने दिए थे, टाइपिंग गीत लेने के बाद निरुत्तम की निगाह "राँकेल इंस्टिट्यूट" नाम के बोर्ड पर पड़ी, निरुत्तम ने कहा चलो अंदर स्क्रिप्ट राइटिंग के बारे में पता करते हैं, इसमें क्या सिखाया जाता है, हम लोगों को भी पता करना जरूरी है।

ये सब सोचकर इंस्टिट्यूट में हम दोनों ने कदम रख ही दिया, पहले मुझे कुछ डर सा लग रहा था, फिर भी डरते- डरते निरुत्तम के लिए वहां बैठे इंस्टिट्यूट के मालिक संजीव शर्मा जी से बात की। स्क्रिप्ट राइटिंग के कोर्स की पूरी जानकारी करके हम लोग बाहर निकले। अभी तक मैं गाना लिख रहा था, लेकिन कोई सफलता नहीं मिली थी, मैं स्क्रिप्ट राइटिंग कोर्स का महत्व समझ रहा था, किन्ही कारणों से निरुत्तम कोर्स करने से पीछे हट गया। उधर मेरे मन में अजीब सी छटपटाहट हो रही थी, दूसरे दिन मैं स्वयं ही स्क्रिप्ट राइटिंग कोर्स के लिए पैसा लेकर संजीव सर के पास पहुंच गया।

कुछ सीखने की अजीब चाहत देख संजीव सर को काफी खुशी हुई, उन्होंने पूरा सपोर्ट किया, प्रेमचन्द की पुस्तक मेरे हाथों में थमा दिया, मुझे भी खुद कहानी लिखने को कहा जो उस समय में मेरे वश से बाहर था। मैं तीन-चार दिन तक कहानी पढ़- पढ़ के विचार करता रहा क्या लिखूं क्या नहीं, यह उलझन मेरे को चैन से बैठने नहीं दे रही थी - अब गानों के स्थान पर अब नई कहानी की खोज में मैं जुट चुका था। अपने अथक प्रयास से आखिरकार एक कहानी लिखने में सफल हो गया। भारत-पाकिस्तान पर आधारित एक लव स्टोरी (प्रेम कथा) जिसका टाइटल "दहलीज" रखा। इसके पश्चात दूसरी कहानी महापात्र अर्थात महाब्राह्मण पर आधारित

है। कुछ ही दिनों में मेरे पास 10 – 11 कहानियों का संग्रह हो चुका था। और मैं स्वयं को बहुत बड़ा राइटर समझने लगा था, ये मेरी नासमझी थी, मुझे ये नहीं ज्ञात था कि कौन सी कहानी सही है और कौन सी गलत? बस अपने दिमाग से नये विचार पैदा कर कहानियां लिखने की कोशिश करता रहा।

कुछ दिन बाद राइटर एसोसिएशन से मैंने फिल्म डायरेक्ट्री खरीदा मेरी आदत थी कि किसी न किसी डायरेक्टर प्रोड्यूसर को फोन मिला देता- अब कोई तुरंत तो नये राइटर को भाव देता नहीं, मुझे यह भी नहीं पता था कौन हिंदी फिल्मों का डायरेक्ट है, कौन भोजपुरी फिल्मों का? मुझे याद है मेरे कॉल करने पर भोजपुरी फिल्म के डायरेक्टर श्री अजीत श्रीवास्तव जी ने अपने घर बुलाया, ये मेरी ज़िन्दगी की पहली मीटिंग थी, डरा- सहमा मैं बैठा उनके द्वारा निर्देशित फिल्म (भोजपुरी) बीवी नंबर 1 का पोस्टर देख रहा था। सहसा उनके आने पर मैं उनके सम्मान में खड़ा हो गया, फिर बैठने के बाद जब उन्होंने कहानी सुनाने को कहा, तो मेरी सिट्टी पिट्टी गुम लगा चारों ओर झांकने, फिर किसी तरह "दहलीज" की कहानी सुना दी, जो उनको समझ में नहीं आया तत्पश्चात मेरी कुछ कहानियों पर उन्होंने नजर डाली, मेरी जबकि उस दिन "महापात्र" पर आधारित कहानी मैं साथ ले के नहीं गया था।

मेरी कुछ कहानियां डाइरेक्टर साहब ने पढ़ीं, तत्पश्चात मेरी जो फजीहत हुई उसे आज तक नहीं भूल पाया। उन्होंने कहा " किस ने तुम को राइटर बनने को कहा। स्टोरी ऐसे लिखा जाता है, समाज पर इसका क्या असर पड़ेगा? उनकी बातें सुनकर मेरे चेहरे पर हवाइयां उड़ने लगी मेरी हालत ऐसी थी कि बस पतली

गली से कैसे निकला जाये, उन्होंने मेरे सारे कहानी संग्रह गुस्से में मुझे थमा दिए, कुछ पल बाद मैं दुम दबाकर उनके घर से निकल आया।

दूसरे दिन इंस्टिट्यूट संजीव सर से मिला डर से मैंने कुछ स्टोरी फाड़ के फेंक दिया, शेष कहानी जब उनको दिखाया, तो उन्हें विश्वास ही नहीं हो रहा था कि मैं इतनी जल्दी इतनी अच्छी कहानियां लिखना सीख गया धीरे-धीरे मैं कहानी लिखने में निपुण हो गया, किंतु लेखन शैली में अब भी काफी कमी थी, उनके बताए अनुसार लेखन शैली में काफी बदलाव किया, दूसरों के कथनानुसार मेरी कल्पना शक्ति तीव्र है लेकिन लिखने में परिपक्वता की थोड़ी कमी थी।

लोगों की बातों पर अमल करके आज भी हमेशा प्रयत्न करता हूं कि मेरे लेखन में ज्यादा से ज्यादा सुधार हो और एक अच्छे लेखक के रूप मैं अपने नाम को गौरवान्वित कर सकूं। मेरी आदत थी, जब भी कुछ नया लिखता अपने रूम पर कहानी लिखने के बाद अपने साथियों को सुनाता, फीडबैक लेता, मेरा रूम पार्टनर अजीत यादव जो स्वयं एक लेखक के रूप में उभरने का प्रयास कर रहा है और अमर श्रीवास्तव भविष्य में अभिनय के क्षेत्र में नाम कमाना चाहता है। इन दोनों शख्स ने हर कदम पर मेरा साथ दिया व मुझे आगे बढ़ने का हौसला।

मैं आगे बढ़ने के चक्कर में होटल पर काम के साथ-साथ – किसी न किसी प्रोडक्शन हाउस डायरेक्टर के ऑफिस के चक्कर लगाता रहता शायद कोई मुझ बदनसीब की पुकार सुन ले, मुझे

समझे मेरी लेखनी मेरी कला का कुछ तो मोल दे। काफ़ी मुसीबतें झेलने के बाद अचानक गोरेगांव सिद्धार्थनगर में मेरी मुलाकात माहेश्वर फिल्म्स के मालिक श्री मनोज माहेश्वरी जी से हुई। उन्होंने मुझसे कुछ गाने लिए और आश्वासन दिया कि चाहे जैसे भी होगा मैं आपका एक एल्बम रिलीज करवा दूंगा- बिना लिखा पढ़ी किये मैं अपने गाने दे आया विश्वास न होते हुए भी गाना देना पड़ा। इसी बीच मेरी मुलाकात पुन: एक राइटर "आशीष वीरकर से हुई, वो इंजीनियरिंग की पढ़ाई छोड़ फिल्मी क्षेत्र में राइटर के लिए संघर्ष कर रहा था। उसकी धाराप्रवाह अंग्रेजी में बात करने की स्टाइल मुझे काफी पसंद आया। खुद वह भी मेरी बातचीत से काफी प्रभावित था, बस मेरी दोस्ती गहराई और हम एक से भले दो हो गए।

जाने कितनी जगह हम लोग एक साथ गए संघर्ष किया उस वक्त आशीष प्रतिदिन फिल्म इंडस्ट्री के जाने-माने निर्देशक राकेश शर्मा जी के घर आता जाता रहता। खून पसीना, व मिस्टर नटवरलाल जैसी फिल्में निर्देशित करने वाली शख्सियत के साथ भला कौन काम नहीं करना चाहेगा, अब उनका दौर भले खत्म हो गया था लेकिन फिल्म की कहानी लिखने का जुनून अब भी था आशीष उनके लिए स्क्रीनप्ले आदि में मदद करने जाता, उसी बहाने आशीष को भी बहुत कुछ सीखने को मिला, इत्तेफाक से राकेश शर्मा जी के घर के नजदीक एक प्रोड्यूसर साहब का भी एक बंगले में काफी शानदार ऑफिस बना था, मेरे काल करने पर उन प्रोड्यूसर साहब से मेरी मुलाकात हुई, मिठाइयों से मेरा शानदार स्वागत- सत्कार भी हो चुका था, मेरे द्वारा लिखी महापात्र पर

आधारित कहानी उनको बहुत पसंद आई, इसके पहले भी उन्होंने एक अच्छी मूवी प्रोड्यूस किया था, लेकिन सही ढंग से रिलीज न कर सके, परिणामत: मेरे साथ- साथ उनके सपने भी अधूरे रह गए, आशीष और मैंने मिलकर स्क्रिप्ट भी तैयार किया, करीब 6 माह में वहां ऑफिस आने-जाने में नाश्ता पानी आदि में पचासों हजार खर्चा कर चुका था, किंतु नतीजा शून्य निकला, प्रोड्यूसर साहब अंदर से भी खोखले निकले, बस बाहरी दिखावा ही सबको नजर आता।

इसी बीच आशीष ने राकेश सर से मेरा परिचय करा दिया था, कई बार मैं भी उनके घर गया, बहुत ज्ञान मिला, फिल्म इंडस्ट्री के बारे में काफी जानकारियां प्राप्त हुईं जो मेरे आगे भविष्य के लिए आज भी काम आ रही हैं। इन सबके बीच मेरा सौभाग्य रहा कि मैं आशीष के साथ उनकी बेटी की शादी में शरीक हुआ। पांच सितारा होटल ललित में आयोजित शादी समारोह में फिल्म इंडस्ट्री के जाने-माने लोग उपस्थित थे। ये मेरा भाग्य था कि अभिषेक बच्चन और मां जया बच्चन जी, बॉबी देओल, डैनी जी, पूनम ढिल्लों, नितिन मुकेश, बिंदुदारा जी सहित अनगिनत फिल्मी हस्तियों के बीच स्वयं को उपस्थित देख मुझे सपना सा लग रहा था, उस पार्टी में डैनी जी मेरे बिल्कुल करीब बैठे थे। आज इन शख्सियत की एक अलग पहचान है जबकि मैं अनजान शख्स भला खुद को सबसे परिचित कराता था, उस दिन की यादों को समेट आशीष के साथ अपने रूम वापस आ गया। इस बीच पैसा समाप्त होने पर पुनः होटल में काम करने लगा साल 2018 की शुरुआत हो चुकी थी, कुछ दिन पूर्व फिर मेरा परिचय एक और डायरेक्टर अतुल

गुप्ता जी से हुआ। प्रतिभा के धनी और निर्देशन कला में माहिर अतुल सर ने एक पथ प्रदर्शक के रूप में मेरा मार्ग प्रशस्त किया, उनके माध्यम से भी फिल्म इंडस्ट्री को और अच्छी तरह समझने का मौका मिला, उन्होंने मेरे द्वारा रचित कहानी "महापात्र" को निर्देशित करने का फैसला किया।

अभी यह सब चल ही रहा था कि लगभग एक साल बाद मेरे लिए खुशी का दिन जब "माहेश्वर फिल्मस" से फोन आया मुझे तत्काल बुलाया गया था, मैं होटल से छुट्टी लेकर तत्काल मनोज सर के पास पहुंच चुका था, उन्होंने खुशखबरी देते हुए मेरे द्वारा लिखा गाना जो रिकॉर्ड हो चुका था, वह सुनाया और कहा जल्द ही यह गाना एक बड़ी म्यूजिक कंपनी से लॉंच होगा, इससे बड़ी खुशी मेरे लिए और क्या हो सकती थी। गाने की रिकॉर्डिंग उसके बोल सुन मेरी आंखों में आंसू आ गए मुझे मेरी मेहनत का कुछ फल मिला, थोड़ी ही देर में मनोज सर ने एग्रीमेंट पेपर तैयार करवा के उसकी एक कॉपी मुझे दे दी- उस गाने के बोल इस प्रकार थे -

मिल जाए जब संदेश

छोड़कर आजा तू परदेस

अब तो नैनों से होवे बरसात

पता चले न दिन और रात -

तत्पश्चात कुछ दिन बाद मैंने होटल से पुनः छुट्टी लिया लगभग सात साल से घरवालों से मिलने की बेचैनी मुझे सताने लगी - मैं होली के एक दिन पहले 1 मार्च 2018 को फ्लाइट द्वारा

मुंबई से लखनऊ पहुंचा, उस क्षण का वर्णन अकल्पनीय है, जब मैं अपनी प्यारी बहन, व जीजा और इकलौती भांजी कनिका से मिला, बरसों बाद मैंने होली का पर्व एक साथ मनाया। जाने क्यों बचपन से ही अपनी बहन को इतना क्यों मानता हूं, मेरा वश चले तो अपनी जान तक न्योछावर कर दूं तो भी मुंह से आह तक न निकलेगी, बचपन से घर में साथ खेलना- कूदना लड़ाई- झगड़ा इन सबके बीच हम दोनों के बीच कभी दरार न पड़ी, आवश्यकता पड़ने पर पैसों से भी मेरी बहन ने बहुत मदद किया, यूं तो आज भी फोन पर बहुत कहा सुनी होती है, अलग होकर भी हम दोनों भाई- बहन का प्यार अपने आप में एक मिसाल है। भले ही मैंने अपनी बहन की शादी तय की और मेरी बहन ने मेरे लिए रिश्ता ढूंढा - लेकिन हारकर भी जीत मेरी हुई, आज वो खुश है इससे बड़ी खुशी एक भाई को और क्या चाहिए।

जाने क्यों हर इत्तेफाक मेरे साथ क्यों होता है, इसकी क्या वजह है, यह जान पाना बड़ा मुश्किल है, क्योंकि आज मेरी बहन व जीजा जिस घर में हैं, वो रिटायर्ड डी.जी.पी. का घर है, होली में मैं डी.जी.पी. अंकल से मिला, आंटी से मिला सब के साथ मिलकर होली भी मनाया, वहीं मुझे पता चला कि उनके छोटे बेटे गौरव बंसल जी रेलवे विभाग I.R.T.C में काफी उच्च पद पर हैं - एक I.A.S. ऑफिसर के रूप में अभी भी कार्यरत हैं उनका रुझान भी फिल्म इंडस्ट्री में है किंतु सरकारी नौकरी की वजह से समय का अभाव है। फिर भी उन्होंने फिल्म इंडस्ट्री को एक ऐसा गीत तोहफे के रूप में दिया जो आज भी लोगों की जुबां पर सुनने को मिलता है - मशहूर फिल्म अभिनेता राजकुमार राव की मूवी - "मेरी शादी में जरूर आना" का वह गीत -

"ठुकरा के मेरा प्यार मेरा इंतकाम देखेगी" – यह सुपरहिट गाना गौरव बंसल जी ने लिखा – मेरी उनसे दो बार मुलाकात हुई – लंच डिनर सब उनके साथ किया, आज हमारी अच्छी मित्रता है।

फ़िलहाल दो दिन लखनऊ रुकने के बाद मैं अपने भाई साहब व उनके परिवार के साथ कुछ दिन बिताया – फिर मुंबई वापस आ गया, इस बार होटल पर काम करते हुए, खाली समय में सुबह कार ड्राइविंग सीखने लगा, मुझे बहुत चाहत थी कि मैं अपने हाथों कार ड्राइविंग करूं सो मैंने एक मोटर ट्रेनिंग के माध्यम से अपनी यह इच्छा भी पूरी की अपने अंदर एक और हुनर पैदा किया। अब बाकी समय मेरा ध्यान हमेशा आगे बढ़ने की ओर रहता कि कैसे आगे बढ़ूं? मैंने काफी प्रयत्न किया फिर फिल्म इंडस्ट्री के और जाने-माने निर्देशक अनुभव सिन्हा सर से मुलाकात किया, जिन्होंने मुझे आश्वासन भी दिया, मुझे काफ़ी खुशी हुई भले कुछ काम तो अभी तक उनके साथ नहीं किया परंतु ऐसे लोगों से मिलने पर हौसला बढ़ता है,इन्हीं हौसलों के बीच मेरी मुलाकात दिग्गज डायरेक्टर श्री के. रविशंकर जी से हुई जो वर्तमान में कोई अच्छा कान्टेन्ट (कहानी) ढूंढ रहे थे। मैंने अतुल सर से बात करके उनको यह बात बताई तो अतुल सर ने रविशंकर जी से एक मीटिंग करके मेरा वाराणसी कहानी का Narration उन्हें सुना दिया

अब बात पूरी तरह से जम चुकी है क्योंकि अतुल सर और रविशंकर जी ये दोनों लोग किसी न किसी तरह मेरे इस कान्सेप्ट पर फ़िल्म बनाने को तैयार हो चुके हैं।

जबकि अतुल जी ने मेरे द्वारा लिखित एक दूसरी कहानी जो

भारत सरकार द्वारा चलाए जा रहे अभियान – बेटी बचाओ बेटी पढ़ाओ पर आधारित है, एक प्रोड्यूसर द्वारा तैयार होने पर उन्होंने 20 मिनट की शार्ट फिल्म शूट करके तैयार कर चुके हैं, एक अच्छे स्ट्रूडियो में इस फिल्म की तीन दिन शूटिंग भी हो चुकी है, अब जल्दी ही रिलीज करने की तैयारी में है।

होटल में काम करते-करते मेरा मन भी ऊब चुका था, मैं चाहता था कि कितनी जल्दी मेरा स्थायित्व तो हो और मैं होटल के काम से छुटकारा पाऊं, एक बार फिर होटल पे काम छोड़ने के बाद मैंने दिल्ली जाने का प्रोग्राम बनाया मैंने सोच रखा था कि इस बार किसी ऐसी हस्ती के समक्ष आप बीती पेश कर उनका सहयोग प्राप्त करूं जो आगे बढ़ने में मेरी मदद कर सके, साथ ही अपने जीवन में घटित घटनाओं को भी उनके संज्ञान में लाना मेरे लिए आवश्यक था।

यह सब सोचकर मैंने माननीय प्रधानमंत्री नरेंद्र मोदी जी, माननीय गृह मंत्री तथा कांग्रेस अध्यक्ष माननीय राहुल गांधी जी के नाम प्रार्थना पत्र तैयार किया और 19 सितंबर को सभी लोगों से मिलने की अनुमति हेतु कार्यालय में प्रार्थना पत्र जमा किया, दुर्भाग्यवश चुनावी माहौल के शुरुआती दौर में किसी से मेरी भेंट न हो पाई, किंतु मेरे पत्र के जवाब में मुझे पुन: गृह मंत्रालय बुलाया गया जहां मैंने अपर सचिव गृह से मिलकर अपनी व्यथा बताई।

तत्पश्चात दिल्ली से होते हुए मैं इटावा पूर्व मुख्यमंत्री माननीय अखिलेश यादव जी के घर तक दौड़ लगा आया, यहां उनके चचेरे भाई तेजप्रताप सिंह यादव (सांसद) महोदय से मेरी मुलाकात हुई

जिन्होंने- महाराष्ट्र समाजवादी पार्टी के अध्यक्ष अबू आजमी के नाम पत्र लिखा कि हर संभव मेरी मदद की जाए। वापसी मुंबई आने पर मैं अबू आजमी जी से मिला जिन्होंने मुलाकात करके मुझे आश्वित किया चुनाव बाद हम आपकी हर संभव मदद करेंगे।

मेरा बाहरी दौरा समास हो चुका था, मुंबई वापस आने पर मेरी मुलाकात एक भोजपुरी गीतकार मैडम रंजो सिन्हा जी से हुई, जो एक सीरियल के हेतु राइटर तलाश कर रही थीं किसी के जरिये मैं उनके घर गया और एक एपिसोड लिखकर दिखाया, "शादी के लइडू डॉट कॉम" टाइटल के आधार पर मेरे द्वारा तैयार एपिसोड उनको व उनके डायरेक्टर साहब को बहुत पसंद आया। उन्होंने तत्काल साइनिंग करते हुए मुझे चेक थमा दिया, शेष बकाया मैंने उनको उपरोक्त सीरियल के लिए 26 एपिसोड लिख कर दे दिये, शेष आगे भी मुझे ही लिखना है, उन्होंने मेरे लिये एक सफलता का एक और द्वार खोल दिया।

तत्पश्चात मुझे दोहरी खुशी तब मिली जब जी म्यूजिक जैसी बड़ी कंपनी से 4 जनवरी 2019 को मेरा एल्बम "संदेश" रिलीज हो गया, मेरे ऊपर जी म्यूजिक की मुहर लग गई। कुछ ही दिन बाद मुंबई में कुछ कार्य करके अपने परिवार की स्थिरता के लिए मेरे भैया भी आ चुके थे। फिलहाल मैंने मलाड में एक होटल पर सुपरवाइजर के रूप में भाई साहब को कार्य पर लगा दिया। सब कुछ सही चल रहा था लेकिन परिस्थितियां कब विपरीत हो जाएं कुछ पता नहीं। अपनी आय का और साधन जुटाने के चक्कर में मैंने पार्टनरशिप में मीरा रोड हाईवे पर पुनः एक रेस्टोरेंट खोला। मेरा पार्टनर रोहन बिरला टी.वी. सीरियल का एक अच्छा

कलाकार है, अच्छी दोस्ती के चलते एक दूसरे के विश्वास पर हम लोगों के होटल का उधघाटन 5 मार्च 2019 को होना तय हुआ मैंने यह सोचा था कि कुछ दिन बाद भाई भी मेरे साथ होटल में सहयोग करेंगे, मेरी योजना बिल्कुल सही थी, लेकिन ऊपर वाले को मेरा यह काम भी मंजूर न था।

यह विधी का विधान है कि होटल उधघाटन दिन अचानक बनारस से मेरी भाभी का फोन आया कि उनके बेटे का एक्सीडेंट हो गया है, हालत बहुत गंभीर है, एक्सीडेंट में मेरे भतीजे की रीढ़ की हड्डी बुरी तरह टूट चुकी थी। यह खबर सुनते ही हमारी योजना पर फिर से पानी फिर गया। इकलौता भतीजा जो मेरे घर का एक ही चिराग है, उस समय की स्थिति का वर्णन अकल्पनीय है, जब भाई साहब रो रहे थे, मैं अलग नम आंखों से हालात देख रहा था, इतना बेबस था उस समय कि कुछ समझ नहीं आ रहा था क्या करूं क्या नहीं? लाखों रुपया होटल में लग चुका था फिर भी मेरे लिए भतीजे की जान से बढ़कर कुछ नहीं मैंने भाई साहब को तत्काल बनारस के लिए रवाना कर दिया। तत्पश्चात मेरा होटल दो माह में बंद हो गया। होटल न बचा सका, इसका गम था, लेकिन मेरे घर का चिराग बुझने से बच गया, इस बात की मुझे बहुत खुशी हुई।

होटल के चक्कर में इतनी बुरी तरह फंसा था कि मेरी आत्महत्या जैसी नौबत आ गई, फिर भी हिम्मत करके मैंने सारी परिस्थितियों का सामना किया।

मैं जिस होटल में करता था। उस होटल के मालिक प्रकाश सेठ ने मेरा बहुत सहयोग किया, मुझे वापस होटल में फिर से

नौकरी करनी पड़ी लेकिन जल्दी ही फिर से खुद को संभाला- मैं शुरू से ही प्रकाश सेठ के होटल में ही काम करता रहा, मेरी वफादारी और ईमानदारी देख उन्होंने मुझे वेटर से हटाकर होटल का मैनेजर बना दिया, यूं तो काम कोई भी छोटा नहीं होता अपितु मैनेजर के पद पर काम करते हुए थोड़ा सम्मान तो मिलता ही है। खुद का बिजनेस धंधा डालने के लिए फिलहाल तो मैंने तौबा कर लिया, लेकिन अतिरिक्त आय के स्रोत हेतु मैंने एक मार्केटिंग कंपनी माय लाइफस्टाइल ज्वाइन किया, जिसने मेरी लाइफ को आगे बढ़ने में मदद किया, ये मेरा साइड जॉब है, इससे भी आय का स्रोत बना चुका हूं साथ ही अपने भैया भाभी को भी अपनी कंपनी में साथ जोड़ा है, वे लोग भी इस कंपनी से अपने भविष्य के लिए अच्छा रास्ता बनाने में प्रयासरत हैं।

मेरे भइया व भाभी आज भी गुमनाम जिंदगी जीते हुए, अपने परिवार के साथ एकजुट होकर खुश हैं। हद से ज्यादा सीधे सरल स्वभाव और कुछ गलत फ़ैसलों ने मेरे भाई को आगे बढ़ने से रोका, अन्यथा मकान बिकने के बाद यदि मेरे साथ कदम से कदम मिलाकर चलते तो स्थिति कुछ और होती लेकिन पिछला जो कुछ हुआ उसे भूलाकर अब आगे बढ़ना यही मेरी जिंदगी का लक्ष्य है।

कुछ इंसान अपने अंदर छिपी प्रतिभा को पहचान नहीं पाते, अपने दिमाग का सही इस्तेमाल नहीं करते, यदि समय रहते हर इंसान स्वयं को समझ ले अपना आंकलन कर ले कि वह क्या कर सकता है क्या नहीं तो जीवन में आने वाली विपत्तियों से बचा जा सकता है। विपरीत स्थितियों में हो कर भी मैंने परिस्थितियों का सामना करते हुए स्वयं को संभाला, ये ऊपर वाले की देन है कि मेरे अंदर जीवन से लड़ने की क्षमता प्रदान की।

• • •

आज मेरे साथ कई राइटर जुड़ चुके हैं मेरी पूरी टीम मेरे साथ मिलकर अपनी लेखन कला से फिल्म इंडस्ट्री को नया आयाम देने के लिए तन- मन से तैयार खड़ी है। फिल्म की कहानी हो, गाने स्क्रीनप्ले, डायलॉग या अन्य किसी विषय पर लेख मुझ में लिखने का सामर्थ्य है, ये ईश्वरीय देन है लगभग 50 के ऊपर कहानियां जो किसी न किसी बेस पर आधारित हैं, और 200 के आसपास गाने लिखित रूप में मौजूद हैं, इसके अतिरिक्त मेरे द्वारा लिखित सीरियल के एपिसोड ये सब मेरी लेखन कला का प्रमाण हैं। संघर्ष ही जीवन है और परिवर्तन संसार का नियम है, इस उम्मीद के साथ हमेशा कोशिश करता रहूंगा।

"मेरी लेखनी हमेशा जीवित रहे - हम होंगे कामयाब

इक दिन -

मन में है विश्वास

पूरा है विश्वास----

इससे ज्यादा क्या लिखूं क्या कहूं - बस इतना कहना चाहूंगा कि -

"इतनी ठोकर दी क्यों जालिम जमाने,

हर ठोकर ने लिखी दास्ताने जमाने - "

-----समाप्त----

मेरे द्वारा रचित फिल्मी कहानियां

1) वाराणसी - महापात्र के जीवन पर आधारित प्रेम कथा

2) मेघा - आतंकवादी के पत्नी की संघर्ष गाथा

• • •

3) दहलीज - भारत-पाकिस्तान पर आधारित (इक प्रेम कहानी)

4) राज को राज रहने दो - रहस्यमयी कहानी

5) लव इधर-उधर - रोमांटिक प्रेम कथा

6) कसक - भावुक रहस्यमयी कहानी

7) दिल दे दो सनम - रोमांटिक भावुक प्रेम कथा

8) प्रॉब्लम वर्सेस प्रॉब्लम - कॉमेडी पारिवारिक ड्रामा

9) ये गलत है - रहस्यमयी पारिवारिक कथा

10) यारों मैंने पंगा ले लिया - स्थितिजन्य हास्यप्रद कहानी

11) ये मेरा इंडिया - क्रिकेट खेल पर आधारित फिल्म कथा

12) गाजी पहलवान - कुश्ती खेल पर आधारित फिल्म कथा

13) रहिमन धागा प्रेम का - पारिवारिक प्रेम कहानी

14) निर्दोष - रहस्यमयी थ्रिलर कहानी

15) कश्मीर से कन्याकुमारी - प्रेम कथा

16) इट्स वन लाख - सामाजिक कथा

17) कुदरत का ईंसाफ - भावुक पारिवारिक फिल्म कथा

18) हसरत - शिक्षाप्रद सामाजिक कथा

19) योग वियोग - पूर्व जन्म कथा

20) रोली वेड्स चंदन - पारिवारिक हास्यप्रद कथा

21) चांद ढूंढे चांदनी - भावुक प्रेम कथा

22) स्तब्ध - भावुक पारिवारिक ड्रामा

23) निसार - शिक्षाप्रद मुस्लिम पारिवारिक कहानी

24) इश्क-ए- जुदाई - भावुक प्रेम कथा

25) ये दिल तेरे नाम - प्रेम कथा

26) प्यार का दर्द - भावुक प्रेम कहानी

27) याद आएगी तेरी - रहस्यमयी प्रेम कथा

28) जुड़ गए बंधन - प्रेम कथा

29) के फ़ार के - प्रेम कथा

30) तू ही रे - भारत-पाकिस्तान पर आधारित (प्रेम कथा)

31) पनाह - सामाजिक प्रथा पर आधारित एक आतंकवादी की प्रेम कहानी

32) "द" लास्ट स्टोरी - एक लेखक की प्रेम कथा

33) हाय मेरी बीवी - हास्यप्रद पारिवारिक ड्रामा

34) तेजस − (Tejas)

35) अर्धनारीश्वर − स्थितिजन्य- कॉमेडी- कहानी- सीरियल कथा

36) बेटी बचाओ- बेटी पढ़ाओ - अभियान पर आधारित एक लघु कथा व संपूर्ण कथा

37) नीम हकीम खतरे जान -   स्थितिजन्य कॉमेडी कहानी सीरियल कथा

38) मैट्रिक फेल - भावुक प्रेम कथा

39) लव द ग्रेट - प्रेम कथा

आगामी प्रकाषित होने वाली मुख्य कहानियों का संग्रह

1) प्रायश्चित

2) भीखू की आत्मकथा

3) भंवर

4) विवाह एक संयोग

5) नामकरण

6) सन्यास

7) प्रीतीभोज

8) एक था गुड्डा एक थी गुड्डी

9) मां के कंगन

10) यदि मैं भारत का प्रधानमंत्री होता

11) मंथन

12) खंडित पंडित

इसके अतिरिक्त मेरे द्वारा संख्या 15 से 40 एपिसोड टीवी सीरियल हेतु लिखे गए।

प्रस्तावित सीरियल का नाम - शादी के लड्डू डॉट कॉम

ज़ी म्यूजिक द्वारा प्रसारित एल्बम – ''संदेश''

www.ingramcontent.com/pod-product-compliance
Lightning Source LLC
LaVergne TN
LVHW042204190726
843493LV00006B/1803